B級グルメが地方を救う

田村 秀
Tamura Shigeru

a pilot of wisdom

目次

図版制作／クリエイティブメッセンジャー

序章

旅の楽しみといえば？

仕事柄とはいえ、国内外を問わず、いろいろなところを見て回るのが私の性分だ。地域の問題を研究している手前、行政機関のヒアリングだけでは表面的な情報しか入らないことも多く、現場に入り、現場の雰囲気を肌で感じようとついつい寄り道をしがちだ。

風光明媚《めいび》な観光地、歴史と文化の匂いがする古い街並み、これらもとても魅力的ではあるが、それよりもむしろそこに住んでいる人々の息遣いが感じられるような飲食店街に惹《ひ》かれてしまう。国や地域によって好まれる食べ物はまちまちだ。食は文化なりともいわれるが、その土地で長く営業を続けている飲食店を訪ねれば、地域で愛されているローカルフード、あるいはソウルフードともいえる逸品に出会えるかもしれないのだ。

そんな出会いも、行き当たりばったりではなかなか目指す逸品には巡り合えない。やはり事前の準備は不可欠だ。以前はガイドブックや口コミなどが中心だったが、最近ではインターネット上のブログやホームページ（以下、ＨＰと記述）にローカルフードの情報があふれている。そんな情報を頼りに仕事の合間にちょっと寄り道して、その土地でしか食べられないようなメニューに舌鼓を打つのはまさに至福の時だ。

B級グルメの台頭?

以前からローカルフードという言葉になんとなく愛着を持っていたが、日本語にすれば「郷土料理」になるのだろう。『広辞苑』では、「ある地域の生活の中で、作り食べ伝承されてきた、その土地特有の料理。ふるさと料理」と定義されているが、郷土料理という言葉の響きには伝統や古めかしさがやや強いように感じられる。

それよりも、あえてカタカナ言葉でローカルフードと呼んだほうが、本書で触れるようなカツ丼やカレー、焼きそばなどには似つかわしいかもしれない。

そして、最近ではB級グルメという言葉が頻繁に使われるようになってきた。もともと映画ではB級映画やB級ホラーというような、A級(高級)ではない独特のジャンルが確立していたが、食の分野でもいつしかB級という言葉が使われるようになったのである。B級グルメといった場合、値段は安めでその割には結構美味な、庶民的な食べ物を指すのが一般的だろう。

壁に突き当たった地域振興策

仕事で全国各地を回っていると、地方の問題が山積していることにいやというほど気付かされる。地方のほとんどの地域で人口は減り始めている。増加しているのはごく一部で、増えているといってもその大半は外国人という地域すらある。公共交通機関の多くはガラガラで、乗っているのは通学の高校生か病院通いのお年寄りばかりだ。

格差の問題は地方では特に深刻だ。郊外型の大規模ショッピングセンターに客を取られ、多くの商店街はシャッター通りと化して青息吐息だ。景気が上向いているのは東京や名古屋など大都市部で、地方では失業率は高止まりし、有効求人倍率も低迷しているのが現実だ。

これまで地方を元気にするために、様々な地域振興策が、国や地方自治体などによって講じられてきた。それなりに成功したものもないわけではないが、企業誘致一つとっても、経済のグローバル化とともに生産拠点の工場を海外に移転する企業が増え、国内に新規展開を図る企業は減っている。そのため、ちいさなパイを巡って全国各地の地方自治体が分捕り合うという消耗戦の様相を呈している。

観光についても状況は同様だ。全国各地に建設されたテーマパークは次々と閉園に追い込まれている。地域に縁が乏しく、思いつきで計画されたとしか考えられないようなテーマパークは一度行けば十分と感じる人が大半だろう。

そんななかで、食をキーワードにしたまちづくりがブームの兆しを見せている。人を地域に呼び込むために食べ物は不可欠の材料だ。それもまさにB級グルメともいうべきヒット商品が全国各地で生まれつつある。

本書では、全国各地のローカルフードを紹介し、どのような特徴があるかを明らかにするとともに、ローカルフードを生かしてどうすれば地域が元気になれるか、その方策を探ってみたいと思う。

第一章　各地で盛り上がるＢ級グルメフェスティバル

B級グルメフェスティバルでまちおこし！

今やB級グルメは一大ブームを引き起こしている。テレビや雑誌などでも全国各地のB級グルメが取り上げられ、全国規模のイベントまで開催されるようになってきた。

一九八〇年代から九〇年代に全国各地の自治体で実施されたイベントは、その経済効果は一時的なものに過ぎなかったケースが多い。イベントのために豪華な施設が建設されても、その後の利用は低調で多額の借金を返さなければならず、むしろお荷物になっているものも少なくなかった。それに比べるとB級グルメのフェスティバルの場合、屋内でも屋外でも場所さえ確保すれば簡単に開催できることが強みだ。

例えば、二〇〇七年九月に福島市で開催されたやきとりの祭典、「第一回やきとりンピックIN福島」は、JRAの福島競馬場内にあるイベント広場を使い、全国各地のやきとり店が仮設テントで味を競っていた。

また、B級グルメフェスティバルのなかでも全国規模を誇るB―1グランプリを主催している「B級ご当地グルメでまちおこし団体連絡協議会」（通称：愛Bリーグ）では、

「第１回やきとリンピックIN福島」の看板

「Ｂ級ご当地グルメとは、安くて旨くて地元の人に愛されている地域の名物料理のことを言います。現在、こうした食でまちおこしをしようとしている団体・グループが年々増えています。それぞれの団体が遊び心をもって食で地域おこし活動を行う中で、料理自体の認知度アップが図られ、観光客の誘客や飲食店の活性化などにつながっている例も出てきております。一方、そうした事例を目にしながらも、思ったような成果を挙げられずにいたり、また、ＰＲしたい料理はあるのに、効果的な方法がわからずにスタートを切れないでいるケースもあります。Ｂ級ご当地グルメでまちおこし団体連絡協議会は、第一回Ｂ－

表1　第二回B—1グランプリ出展料理・団体

都道府県	区市町村	出展料理	団体名
北海道	富良野市	富良野オムカレー	食のトライアングル(農・商・消)
北海道	室蘭市	室蘭やきとり	室蘭やきとり逸匹会
青森県	青森市	青森生姜味噌おでん	青森おでんの会
青森県	八戸市	八戸せんべい汁	八戸せんべい汁研究所
秋田県	横手市	横手やきそば	横手やきそば暖簾会
群馬県	太田市	上州太田焼そば	上州太田焼そばのれん会
埼玉県	行田市	行田ゼリーフライ	行田ゼリーフライ研究会
神奈川県	厚木市	厚木シロコロ・ホルモン	厚木シロコロ・ホルモン探検隊
長野県	駒ヶ根市	駒ヶ根ソースかつ丼	駒ヶ根ソースかつ丼会
静岡県	富士宮市	富士宮やきそば	富士宮やきそば学会
静岡県	浜松市	浜松餃子	浜松餃子学会
静岡県	裾野市	すその水ギョーザ	すそのギョーザ倶楽部
静岡県	静岡市	静岡おでん	静岡おでんの会
静岡県	袋井市	たまごふわふわ	袋井市観光協会
福井県	小浜市	若狭小浜焼き鯖寿司	御食国若狭倶楽部
岐阜県	郡上市	奥美濃カレー	奥美濃カレープロジェクト実行委員会
岐阜県	各務原市	各務原キムチ鍋	キムチ日本一の都市(まち)研究会
兵庫県	高砂市	高砂にくてん	高砂にくてん喰わん会
鳥取県	鳥取市	とうふちくわ	鳥取とうふちくわ総研
福岡県	北九州市	小倉発祥焼うどん	小倉焼うどん研究所
福岡県	久留米市	久留米やきとり	久留米やきとり学会

(「B—1グランプリ」HPより)

1グランプリに出展した団体が中心となって二〇〇六年七月に設立致しました」とHPで述べている。

第一回目は二〇〇六年二月に八戸市で開催され、一〇団体が参加し、来訪者の人気投票では、第一位が富士宮やきそば、第二位が横手やきそば、第三位が室蘭やきとりだった。二〇〇七年六月には、富士宮市の富士山本宮浅間大社周辺で第二回グランプリが開催され二一団体が参加し、二日間で約二五万人が集まった(表1)。人気投票では、富士宮やきそばが二連覇を達成し、第一回の開催地だった八戸市の八戸せんべい汁が第二位、静岡おでんが第三位となった。第三回は二〇〇八年一一月に久留米市で、さらに第四回は二〇〇九年九月に横手市で行われることとなっている。

地域版のB—1グランプリも続々

B—1グランプリの地域版も全国各地で開催されるようになってきた。兵庫県では二〇〇五年に「第一回兵庫県ご当地グルメサミット」が佐用町《さようちょう》で開かれている。佐用町商工会青年部のHPによれば、「兵庫県内の『その地域の特有の料理』、その地元料理をこよなく愛し、こよなく好む人々がその地元料理を中心に集まり、内外に『料理のPR』をすることにより自分の住む地域のPRにつながり、それがまちの活性化『まちおこし』につながっている、そんな料理を『ご当地グルメ』と総称し県内五団体を集め料理の特徴、PRの方法・課題、地域への貢献度を真剣に討議する」ことを目的として開催されたのだった。

二〇〇七年には高砂市で第三回目のサミットが開催され、かつめし（加古川市）、丹波猪ラーメン（丹波市）、しかコロッケ（佐用町）など県内でおなじみのグルメを始め、老舗《しにせ》の出石《いずし》そば（出石町）など二一自治体から四三店が出展している。

埼玉県でも兵庫県同様B級グルメのイベントを開催している。二〇〇七年一一月に埼玉B級ご当地グルメ王決定戦が行田市で行われた。フライやゼリーフライで有名な行田市や行田商工会議所などが主催し、埼玉県内のB級グルメが市役所の駐車場に結集した。集まったのはフライ（行田市）、やきとり（東松山市）、煮ぼうとう（深谷市）など一三市町からの一四品目、昔から地元で愛されてきたB級グルメもあれば、最近開発されたできたてほやほやのものまで出品された。人気投票の結果は、第一位が煮ぼうとう、第二位がゼリーフライ、第三位がフライとなっている。

このような地域版のB—1グランプリは、地域住民の関心を高めるだけでなく、地域外の人々がB級グルメに目を向けるきっかけともなるのだ。

また、イベントではなくB級グルメを一か所に集めた常設型のテーマパークも増えてきた。例えば池袋ナムコ・ナンジャタウンの池袋餃子スタジアムや、お好み焼き、たこ焼き、串カツを始めとした関西の味を一堂に集めた大阪道頓堀の道頓堀極楽商店街などがある。このようなテーマパークは一か所で様々な味を楽しめるというメリットはあるが、飽きられやすいのか、あるいは期間限定の場合もあるのか、すでに閉鎖されてしまったものもいくつかある。

B級グルメは単に食べ物だけでなく、それを生んだ地域の雰囲気も味わってこそ醍醐味《だいごみ》があるのだから、なんといってもご当地で食べるのが一番だ。それでは、B級グルメのご当地を眺めてみようではないか。

第二章　三大焼きそばの街

——富士宮、横手、太田

みんなに愛される焼きそば

焼きそばといえば、中華の定番料理であるのはもちろんのこと、縁日の屋台やバーベキュー料理の定番として誰もが口にする庶民的な食べ物だ。焼きそばは、小麦などを加工した麵《めん》を炒めたり揚げたりした料理の総称で、味付けも塩味や醬油《しょうゆ》味《あじ》、ソース味など様々だ。もともと中華料理では炒麵《チャオミエン》と呼ばれ、醬油やオイスターソースなどが使われているが、日本独自の発展を遂げたソース焼きそばは、終戦直後の闇市《やみいち》で販売されたのが発祥といわれている。当時は穀物が大幅に不足し、小麦も高価だったため、不足気味の麵を補うためにキャベツで量を増やし、それにウスターソースを混ぜ合わせたものが始まりだ。

焼きそばは今や、インスタント麵やカップ麵としても欠かすことのできないメニューとなっている。ラーメンやうどん、そばと並んで日本人にとってなじみの麵の一つであることは間違いないだろう。

そんな焼きそばにも、他の食べ物同様、「三大」と称される焼きそばの街がある。秋田県横手市と群馬県太田市、そして静岡県富士宮市が日本三大焼きそばの街として有名だ。

そもそものきっかけは、二〇〇二年に開催された富士宮市の市制六〇周年イベントで三市の焼きそば関係者が一堂に会し、「三者麺談」と銘打ってそれぞれの焼きそばの違いを宣伝したことだった。三市は、焼きそばつながりということから「三国同麺」の協定を締結し、マスコミからの注目も集めたことで焼きそばの街としての地位を不動のものにしたのだった。

富士宮やきそば——焼きそば界のトップランナー

三大焼きそばのなかでも、最も有名なのは富士宮やきそばで間違いないだろう。富士宮市は、富士山の西南麓に広がり、富士山本宮浅間大社の門前町として、また製糸業の街として古くから栄えてきた。元来、富士宮市の焼きそば屋はお好み焼き屋のことで、かつては洋食屋と呼ばれ、駄菓子屋の一角に鉄板を設け、お好み焼きを焼いていた店であった。今でも、そのような店を市内のあちこちに見ることができる。

戦前から、安価で、手頃な食べ物として子供や製糸業で働く女工さんたちにお好み焼きが好まれていたが、戦後は、中国から引き揚げた人々などが大陸で食した麺類を見よう見

富士宮やきそば「前島」の店頭。やきそば学会の幟旗がみえる

まねでつくった焼きそばが洋食屋で出されるようになった。富士宮市の焼きそばは、隣の山梨県から身延《みのぶ》線で買い出しに訪れる人々が持ち帰るなど、早くから食文化として地域に根付いていったのだった。

富士宮やきそばの特徴はいくつかある。麺は、小麦粉と水で練って蒸した後、もう一度茹《ゆ》でるのが一般的だが、富士宮の麺は茹でずに冷やし、油で表面をコーティングしているため、水分が他の麺に比べて少なく、コシのある麺ができ、食感に違いがある。また、炒《いた》める油はラードを用いる店が多く、ラードを絞った後の肉かすを加え、イワシの削り粉（だし粉）をふりかけるのが典型的な富士宮やきそばだ。このほか、味付けについては辛口ソースの店が多く、添えるのも紅生姜《べにしょうが》が中心だ。

そんな地元に根付いた富士宮やきそばを一躍有名にしたのが「富士宮やきそば学会」だ。学会といってもいわゆる学術団体ではない。地域おこし、まちづくりを目指す純粋の民間団体だ。中心市街地活性化のためのワークショップに参加したメンバーの有志が富士宮に焼きそば店が多いことに気付き、まずはどのような店があるのかを調査するために二〇〇〇年一一月に結成されたのがやきそば学会である。その会員はやきそばG麺と名乗り、富士宮やきそばマップや幟旗《のぼりばた》を作成した。ユニークなネーミングや活動がマスコミの目に留まり、富士宮やきそばは瞬く間に全国的な注目を集めたのだった。富士宮市内には二〇〇軒を超える焼きそば店がある。今ではそれを目当てに来る観光客も増え、ビールのポスターに登場したり、カップ焼きそばにもなっている。地域デザイン研究所の調査によれば、二〇〇一年から六年間の経済波及効果が二一七億円、また、焼きそばを食べるために県内外から一七〇万人以上が訪れたとのことである。

やきそば学会の公式ガイドブックによれば、「富士宮やきそば十箇条」というのがある。

第一条：富士宮独自にその製法が確立した富士宮の「むし麺」を使っている
第二条：鉄板にひく炒め油にラードを使用することが多い
第三条：ラードをしぼった後に残る「肉かす」を具材としてほとんどの店で使っている
第四条：キャベツは富士宮産高原キャベツを使う店が多い
第五条：多くの店がソースを独自にブレンドし、味を競っている
第六条：富士山の恵み、美味しい水に誇りをもって調理に使う
第七条：削り粉、青海苔、紅ショウガが主なトッピング、具材は店により多様化する
第八条：厚く大きな鉄板が肝心、強い火力で一気に焼くから美味しい
第九条：店の人が焼く、お客自身が焼く、各店スタイルが違う
第十条：鉄板から直に食べる店、皿に盛る店、食べ方も店の個性

と富士宮やきそばの特徴がわかりやすく示されている。

食によるまちづくりの成功例として脚光を浴びる富士宮やきそばがこれだけ有名になったのは、学会の会長でNPO法人「まちづくりトップランナーふじのみや本舗」代表理事も務める渡辺英彦氏の存在抜きに語ることはできないだろう。お役所に頼りきるのではな

く、市民、商工会議所、そして市役所が一緒になって富士宮の活性化のために活動したからこそ成功を収めたのであり、その仕掛け人となったのが渡辺氏である。富士宮やきそばによるまちづくりについては、渡辺氏の著書『ヤ・キ・ソ・バ・イ・ブ・ル　面白くて役に立つまちづくりの聖書』（静岡新聞社）に詳しく述べられている。ダジャレが満載で、まちづくりには遊び心が欠かせないということを再認識させてくれる読んでいて楽しい本だ。

横手やきそば――甘めのソース、太麺に目玉焼き

冬のかまくらで有名な横手市もまた、焼きそばの街として有名だ。市内には焼きそば店が五〇以上ある。横手やきそばのルーツは、屋台のお好み焼き屋にあるといわれている。終戦直後、お好み焼きに続くメニューとして考えられたのが焼きそばだった。値段がラーメンなどより大幅に安かったこともあって多くの店舗で販売され、横手に焼きそばが根付くようになった。

横手やきそばの特徴は甘口のソースに太めで柔らかな麺、そしてなんといっても麺の上に載る目玉焼きと福神漬けだ。太く真っ直ぐな茹で麺で、コシがあまりなくて汁気があっ

横手やきそば（「焼きそばのふじわら」）

てしんなりとしている。これは、横手独自の焼きそばソースにその秘密があるようだ。店によって違いはあるが、一般的にはウスターソースにだし汁を加え、しっとりと焼き上げるため、少し甘口の焼きそばに仕上がっている。

麺の上に載っている目玉焼きをからめて食べると横手やきそばはさらに甘みを増す。元来、横手市を中心とする横手盆地では甘い味付けが一般的で、納豆に砂糖を入れる家も少なくない。このような食文化が横手やきそばの味を形づくったのだろう。また、焼きそばには紅生姜というのが一般的なのに、福神漬けが添えられているのも個性的だ。

一九六〇年代以降、食品衛生法の改正や大手製麺業者が焼きそば麺の生産に参入したことなどによって、横手市では駄菓子屋を中心としたかつての焼きそば店は急速に衰退していった。が、観光協会が横手やきそばの紹介をＨＰで始めたことや二〇〇一年に横手やきそば暖簾会《のれんかい》が結成されたことなどを契機として、横手やきそばは再び注目を浴びるようになっている。

横手やきそばの場合は、富士宮やきそばとは違って、どちらかというと行政主導でまちおこしが進められている。観光協会自体、市の外郭団体で、暖簾会の事務局も市役所に置かれているし、市の横手地域局産業振興課には焼きそば担当もいるのだ。

太田焼そば——店ごとに異なる味

富士宮やきそば、横手やきそばと違って、太田焼そばの特徴は、「特徴がない」ことだ。つまり、「これが太田焼そばだ」という定義があるわけでもなく、店によって極太麺もあれば、極細麺もあり、真っ黒のドロソース仕立てのものもあれば、あっさり味もありとまさに千差万別だ。また、富士宮や横手が「やきそば」とひらがなで表示しているのに対して、太田では「焼そば」と漢字を交えて表記している。

二〇〇一年に太田市が「上州ヤキソバ王国」と題してPRしたことが太田焼そばのブームの始まりであった。翌年には地元の有志が集まって、「上州太田焼そばのれん会」が結成された。のれん会では、

「太田市は、工業の町であり、当時の工員が好んでやきそばを食べたことから、現在、市内に約八〇店のやきそば店があります。そこで、日本で三番目のやきそばの町として、平成一四年一〇月に名乗りをあげました。上州太田焼そばのれん会は、『焼そばの街・太田』を全国に発信し『太田焼そば』の定着を図ると共に観光客の誘致に努め、地域経済の振興に寄与することを目的とし、平成一四年一〇月二八日に発会しました。また、会の主な活動内容としては、やきそばマップの作成、イベント出店による太田市のPRです。会員数は現在八〇余名です。太田焼そばの特徴は、店により、味付け、麵、トッピング等がそれぞれ違うことです」

と説明している。

そんな太田焼そばも、二〇〇七年六月に開催された第二回「B—1グランプリin富士

宮」では出品された二一品目のうち、二一番目と最下位の投票結果に終わっている。焼きそばの〝トップランナー〟富士宮市での開催というハンデがあったのは否めないが、今後は太田焼そばの個性づくりが急務なのかもしれない。

第三章　実は十大焼きそば？

――黒石、那須塩原、石巻、栃木、日田、新潟、北見……

焼きそば界の七人の侍たち

富士宮、横手、太田、この三都市だけがなにも焼きそばの街ではない。本や雑誌、インターネットなどで調べた限り、三大焼きそば以外に少なくとも七か所の個性豊かな焼きそばの街が存在するのだ。太平麺《ふとひらめん》をつゆに浸したつゆやきそばが代表的な青森県黒石市、同様にスープ入り焼きそばが有名な栃木県那須塩原市、茶色い麺で焼きそば発祥の地を自認する宮城県石巻市、じゃがいも入りで庶民的な焼きそばが定番の栃木県栃木市・足利市、鉄板でしっかりと焼き上げた焼きそばで有名な大分県日田《ひた》市、焼きそばにトマトソースをかける焼きそば界の革命児（異端児？）ともいえる新潟市・長岡市のイタリアン、地域の素材にこだわった新興勢力、北海道北見市のオホーツク北見塩やきそばが三大焼きそばを追随する焼きそば界七人の侍たちだ。

黒石やきそば——つゆに浸した太平麺

黒石市は青森市と弘前市の間に位置するりんごの街だ。黒石市の「広報くろいし」（二〇〇七年七月）によれば、戦前、飲食店で製麺所から仕入れた麺を手揉みによって独自の形状にして中華そばをつくっていたが、戦後、その麺を各店ごとに蒸したり煮たりして、焼きそばを調理するようになったのが黒石やきそばの始まりである。客のリクエストによって、製麺所にソースがからみやすい麺を求めるようになり、それに応じて太くて平らなコシのある独特の麺が誕生したのだった。

昭和三〇年代には食堂だけでなく駄菓子屋などでも子供のおやつとして一〇円単位で売られ、新聞紙でつくった三角の袋に焼きそばを入れ、ソースをかけて箸《はし》を使わずに食べられていた。また、昭和三〇年代後半には焼きそばにつゆをかけるつゆやきそばが生まれ、その後コンビニエンスストアのローソンでは「黒石風つゆ焼きそば」として、「あげ玉と共に平太麺に絡む、ソース風味のつゆがやみつきになる新感覚の味わい」をキャッチコピーに販売されたこともある。

黒石市では商工会議所を中心に、「黒石やきそばサミット実行委員会」が設立され、二〇〇七年九月には「やきそばサミットin黒石」を開催したり、「やきそばのまち黒石マップ」を作成するなど焼きそばによるまちおこしを進めている。なお、市内には焼きそばを出す店が約六〇店ある。

塩原温泉名物スープ入り焼きそば！

栃木県那須塩原市の塩原温泉には、スープ入り焼きそばという名物料理がある。これは、ラーメンの麺と、豚肉、キャベツをソースで香ばしく焼き上げ、醬油ベースのスープに入れたものだ。「こばや食堂」のＨＰによれば、

「昔々、塩原で最初にラーメンの麺で焼きそばを焼いた『新生食堂』という店がありました。この焼きそばは美味しいと評判でしたが、実は食べたいというお客さんだけに出す裏メニューがあったのです。それがこのスープ入り焼きそばでした。当時スープの中にこの評判の焼きそばを入れて常連客だけに出されましたが、特に名前はありませんでした。

『スープに入れた焼きそば作って』

『スープ入りの焼きそばちょうだい』

そんな中から、自然とスープ入り焼きそばという名前になりました。

ところで、こばや食堂はというと……

当時若かった父は『なんて美味しい焼きそばなんだろう』と思い、新生食堂の今は亡きご主人に作り方を教えてもらいました。当然、あのスープに入れた焼きそばも作りましたが、ベースとなるスープの味が違う為、こばやのスープに合うスープ入り焼きそばを作りました。しかし、ソースの香りと甘みをメインとしたスープ入りの焼きそばは、今もずっと昔のまま塩原で親しまれてきた味です」

というのがスープ入り焼きそばのルーツとされている。

なお、同じ塩原温泉の食堂「釜彦」でもスープ入り焼きそばをメニューに加えている。

栃木の口コミタウン情報サイト（栃ナビ！）の店主からのメッセージによれば、

「店自体は戦前からあり、スープ入り焼きそばもこちらが元祖です。登場から五〇年、秘伝のソースを使ったオリジナルの味は、マネのできないおいしさです。是非お試しください」

とのことである。どちらが元祖でどちらがルーツかはともかく、ドライブのついでに立ち寄る価値は十分にあるB級グルメだ。

焼きそば発祥の地を自認する石巻市

漁師町として有名な石巻市は、焼きそばの街でもある。焼きそばの麵は一般的には黄色の中華麵だが、石巻市周辺では茶色のセイロ蒸し中華麵が使われている。麵そのものが、ソースをかけていないのにソースで染まったような色をしているというちょっと変わり種である。一九五三年に創業した島金商店の麵は、製造開始当初からセイロで二度蒸ししてつくり上げる方法で、麵に含まれるかんすいが熱で変化し、香ばしさと自然な茶色を引き出している。

石巻焼きそばの特徴は、茶色い麵を使うこと、鉄板でつくること、鶏がら、煮干しなどのだしを加えて蒸し焼きにすること、ソースは食べる直前に各自が好みに応じてかけることが挙げられる。横手やきそばのように麵の上に目玉焼きを置く店も多いが、具材がもやし、天かすとシンプルな味わいの店もある。二〇〇八年六月には、「いしのまき茶色い焼きそばアカデミー」が発足した。石巻でも、他の焼きそばの街に追いつこうと新たな試みが動き出している。

じゃがいものゴロゴロ入った足利やきそば

じゃがいも入りも結構おつなもの

ＪＲ両毛線《りょうもうせん》沿いの栃木市や足利市周辺に見られるのがじゃがいも入り焼きそばだ。高崎市と小山市を結ぶ両毛線沿線は麺の街が並ぶ、まさにめん街道とも称される地域だ。佐野らーめん会、麺のまち「うどんの里館林《たてばやし》」振興会、桐生うどん会、足利手打ち蕎麦《そば》切り会、そして上州太田焼そばのれん会の五団体が『麺の里』両毛五市の会」を結成して、すでに麺の街の情報発信を進めているが、じゃがいも入り焼きそばはそれらに勝るとも劣らないＢ級グルメだ。この地域では、戦後の食糧難の時代にボリュームを増やすためにじゃがいもが使われたといわれているが、食べてみるとじゃがいもと焼きそばの麺がとてもマッチしているのがよくわかる。

栃木市には、「じゃがいも入り栃木やきそば会」があって、二〇店以上が加盟している。栃木やきそばに入っているじゃがいもは一口大で結構量も多い。鉄板に茹でたじゃがいも、キャベツ、麺を入れて炒めた後に、豚または鶏のひき肉から取ったスープをかけて混ぜ合わせる。

使われている麺は二度蒸しした地元製麺所製造のものが多く、色も石巻焼きそばのように茶色がかっている。地元の林屋商店などのウスターソースを、最後に加えてできあがりとなる。

栃木市や足利市の焼きそば屋さんのなかには、駄菓子屋を併設しているところも少なくない。じゃがいも入り焼きそばは、お腹を空かせて遊びに来る子供たちにとって、最高のおやつなのだろう。

焼きそば界西の雄、日田の焼きそば

ご当地焼きそばの多くはなぜか東日本に多い。もちろん、関西にはお好み焼きを始めとする鉄板焼きの文化があり、焼きそばも定番メニューの一つではあるが、あまりに一般的すぎるのか、焼きそばの街というのは見当たらない。せいぜい、神戸市長田区が発祥の地といわれる、焼きそばにご飯を入れて炒めたそばめしがあるぐらいだ。

そんななかで、焼きそば界の西の雄ともいう存在が日田市の焼きそばだ。日田市は大分県の北西部、福岡県に隣接する林業で栄えたところだ。天領時代の古い町屋が残る町並みや水郷でも知られた観光地である。

日田焼きそばはやや太めの生麵を茹でてから、鉄板の上で焦げ目がしっかりと付くまで焼き、たっぷりのもやしやネギと合わせて、ソースで味付けをしてできあがる。ぱりぱりに焼いてからソースであえるため、カリッとした香ばしい食感とコシのある生麵の歯ごたえのバランスがたまらない。

二〇〇六年には、「日田やきそば街道」と銘打って、一九店舗が参加して焼きそばスタンプラリーなどのイベントが行われたが、そのなかでも日田焼きそばの元祖といえる存在が「想夫恋《そうふれん》」だ。一九五七年に創業し、現在では九州を中心に三〇店以上のチェーン店がある。地元では「想夫恋焼」とまで呼ばれているほどの有名店だ。

焼きそばの進化形？　新潟のイタリアン

私の住む新潟には、究極のB級グルメともいうべき焼きそばがある。それがイタリアンだ。イタリアンといってもパスタではないし、新潟市内にある老舗ホテルのイタリア軒とも関係ない。赤いトマトソースがソース焼きそばにかかっているという、ある意味想像を絶する存在なのだ。一九一〇年に創業した「みかづき」は、もともとは甘味喫茶だったが、三代目の店主が一九六〇年に生み出したのがイタリアンだった。和洋折衷とも和魂洋才ともいうべきイタリアンは、学校のバザーなどでも積極的に出店されたこともあって、まさに新潟っ子のソウルフードとなっている。

イタリアンの具はもやしとキャベツだけだが、それに白生姜が加わり、フォークで食べるのが流儀だ。「みかづき」は新潟市を中心に二〇店舗以上あり、カレーイタリアンやホワイトイタリアンなど種類も様々だ。なお、長岡市には「フレンド」というイタリアンを出すチェーン店があるが、こちらは「みかづき」よりは少し細めの麺を使っていて、箸で食べるのが流儀だ。

地域の素材にこだわったオホーツク北見塩やきそば

これまで見てきた各地のご当地焼きそばはどれも昭和二〇年代から三〇年代にそのルーツを持つソース味のものだったが、二〇〇七年に誕生したばかりの焼きそば界のニューフェイスが北見市のオホーツク北見塩やきそばだ。

ホタテやタマネギといったオホーツクの豊富な食材を生かした北見市の新しいメニューとして、推進協議会がオホーツク北見塩やきそばの定義などを定めている。それによれば、オホーツク北見塩やきそばの定義・ルール八か条として、

第一条　道内産の小麦を主原料とした麺を使用する
第二条　豚肉ではなくオホーツク産のホタテを使用する
第三条　キャベツではなく生産量日本一の北見タマネギを使用する
第四条　味付けはソースではなく塩とする
第五条　皿ではなく、鉄板で提供する

第六条　協議会指定の道産割り箸を使用する
第七条　できるだけ北見にこだわったスープをつける
第八条　シズル感を演出するために魔法の水を用意する

としている。

「魔法の水」とはなんとも不思議な名前だが、これは鉄板に置かれた焼きそばに各店オリジナルのスープなどをかけて、ジューというシズル感を演出するのだそうだ。

また、焼きそばの定義だけでなく、消費者満足度を高める三か条があり、

第一条　味、食材は地元にこだわり、「オホーツク・北見」を感じられるものを提供する
第二条　笑顔のサービスに努めるとともに、提供店同士の連携を大事にする
第三条　トッピングや演出に工夫を凝らし、オリジナリティーを追求する

としているところにもこだわりがみられる。

このように、あくまでオホーツク、北見らしさを大切にした焼きそばだけをオホーツク北見塩やきそばと称していて、すでに二五店以上で提供されている。

第四章　餃子日本一はどこだ

――宇都宮、浜松、裾野

一躍注目を浴びた宇都宮餃子

今や餃子の街としての地位を揺るぎないものとしている宇都宮市ではあるが、餃子ブームがブレイクしたのは平成の時代に入ってからのことだった。きっかけは、一九九〇年に宇都宮市職員が、「日本一の消費量」を誇る餃子を通じて宇都宮市をＰＲする研究発表を行ったことだった。これは毎年総務省（当時は総務庁）が発表する家計調査の結果を基にしたもので、全国の県庁所在都市や政令指定都市毎に様々な品目の購入額や購入量が、いわゆる家計簿調査によって明らかにされている。ちなみに二〇〇七年の調査では、宇都宮市の餃子購入額は五三八一円で、二位の京都市の二八五〇円を大きく引き離してダントツの一位である。

もちろん、この調査はサンプル調査で、すべての世帯を対象にしているのではなく、都市間の誤差が大きいことが考えられるので結果の読み方には注意が必要ではあるが、宇都宮市に関しては、ほぼ毎年トップで、第二位や平均との差も大きいことから対象都市のなかではいちばん餃子の購入額が多いといっても間違いはない。しかも、この調査ではあくまでスーパーなどで購入される持ち帰りの餃子の額が比べられているのであって、餃子店での消費額は含まれていない。いずれにしても、餃子店の多さからも宇都宮市を餃子の街といっても看板に偽りはないのである。

一九九一年には宇都宮市観光協会が市内有名店二三軒を掲載した餃子マップを作成し、九三年には三八店で宇都宮餃子会が発足するなど、餃子によるまちおこしは熱を帯びてきた。同年にテレビ東京でギョウザフェスティバルの様子が放映されるなどマスコミの注目を浴びるようになり、その後もマスコミへの登場は増え続け、宇都宮餃子は全国区の知名度を獲得したのだった。

宇都宮餃子の歴史

それでは、なぜ宇都宮市に餃子文化が根付いたのだろうか。そもそも、餃子の本場は中国の東北部といわれている。下野新聞社の『週末うつのみや餃子をたべにいく』によると、戦時中、この東北部に駐屯していた陸軍第十四師団の本部が置かれていたのが宇都宮市だったのである。終戦とともに多くの軍人が宇都宮市に引き揚げて来たが、彼らの多くは本場の餃子の味を覚えていたため、その味を懐かしんだ人たちが宇都宮市で餃子を広めていったとされている。一九五一年には宇都宮市で最初に餃子を出した「宮茶房」が開店した。当時はコーヒー一杯が一円だったのに対して、餃子六個で五円と、今に比べると高級なメニューだったことがうかがえる。

また、栃木県は餃子に欠かすことのできないニラの生産量が日本一であることや、中国東北部と同じような内陸性の気候であることなども餃子が好まれた一因といわれている。

これぞ餃子の街、宇都宮

ＪＲ宇都宮駅を降りると、駅ビルにはご当地餃子が食べられる専門店街「餃子小町」があって、時間のない人でも宇都宮餃子を堪能することができる。さらに市街地の中心部、二荒山神社《ふたあらやまじんじゃ》の向かいにあるラパーク長崎屋の地下一階に宇都宮餃子会加盟店の二七店舗が集結した宇都宮「来らっせ」がある。ここに来れば一度に何軒もの宇都宮餃子の味を楽しむことができるが、常時食べられるのは五店舗だけで、あとは日替りでの出店となっているので要注意だ。

そんな宇都宮餃子のなかでも大人気の老舗が一九五八年創業の「みんみん」だ。その特徴は野菜が多めであっさりヘルシー、ニンニクやニラの臭《くさ》みがない。「みんみん」以外にも数多くの餃子店を、あちこちに見かけることができる。宇都宮餃子会に加盟しているだけでも約八〇店、このほかにも餃子会に加盟していないことを売り物にする店もいくつかある。毎年一一月には宇都宮餃子祭りが開催され、宇都宮駅東口には餃子の皮をまとったビーナス「餃子像」が設置されるなど名実ともに宇都宮市は餃子日本一の街だ。

餃子日本一の街にちょっと待った！——浜松餃子の台頭

餃子日本一の街、宇都宮市に対して宣戦布告をしたともいえるのが浜松市だ。二〇〇七年二月に、浜松餃子学会が、浜松市役所が二〇〇六年九月に実施した調査結果を受けて「餃子消費量日本一宣言」をした。発表によると浜松市での世帯当たりの一年間の餃子消費量は一万九四〇三円で宇都宮市の四七一〇円（家計調査、二〇〇五年）の四倍以上という結果になっている。この発表はマスコミでも取り上げられ、宇都宮市と浜松市の餃子合戦

もやしがポイント浜松餃子（「むつぎく」）

は俄然《がぜん》熱を帯びてきた。

餃子の消費額に関して、浜松市のほうが宇都宮市よりも消費額が多いことを誇っているが、本当に浜松市のほうが宇都宮市よりも一世帯当たりの餃子消費額が多いのだろうか？

答えは、少なくとも現時点（二〇〇八年）では、どちらとも言い難いというのが正解である。確かに一万九四〇三円という平均額は家計調査での宇都宮市の消費額の四倍以上ではあるが、そもそも調査の対象が異なるのである。浜松市調査ではサンプルの取り方が明らかではなく、消費額には持ち帰りのほかに外食での額も含まれているようなのである。家計調査が持ち帰りの額だけしか入っていないため、一概にどちらが多いとか少ないとかは言えないのが実際のところだ。

幸い、二〇〇七年四月に政令指定都市になったことで、今後は浜松市も家計調査の対象となる。その結果が出て初めて両市の雌雄が決することになるだろう。ただ、その場合でも、ある特定の年度の結果だけで勝った負けたを判断するのでなく、数年間はその推移を見守る必要がある。それは前述のように家計調査には精度の面などでいろいろと問題があるからだ。

浜松餃子の特徴は、どちらかというと野菜が多めで、キャベツの甘みが引き立つものが多い。また、お店で食べるタイプの餃子店では、餃子を円型に並べて付け合わせにもやしが付いていることが多いのも特徴である。

餃子の街にも新興勢力が——裾野のモロヘイヤ餃子

宇都宮餃子の座を脅かしているのは浜松市だけではない。同じ静岡県の裾野市《すそのし》は「日本一ギョーザ好きのまち」を売り物にまちおこしを図っている。裾野市商工会の報告によれば「市民一〇〇〇〇人あたりのギョーザ取扱い飲食店数が日本一多い！」として、「市民一〇〇〇〇人あたりのギョーザ取扱店数は、ギョーザで有名な宇都宮市が四・四五軒、静岡市が四・二三軒、裾野市はその両市を超える六・〇四軒です。ぶらりと寄ったお店でギョーザに出会える、それが裾野市です」と宣伝している。

また、「裾野市で消費される冷凍惣菜で、ギョーザはコロッケに次いで第二位。一位のコロッケとの差は、僅か一％しかありません。さらに裾野市内大手スーパーの惣菜売り上げでは、ギョーザが二位以下を大きく引き離して堂々のトップです！　ギョーザは、裾野市民のおかずの定番です」と市民生活に餃子が根ざしていることを各種調査の結果によって裏付けている。

さらに、新たな名物ということで裾野市特産のモロヘイヤが入った「すその水ギョーザ」を開発している。ちなみに、第二回「B―1グランプリin富士宮」では居並ぶ強敵を相手に人気投票で第四位と大健闘している。

第五章　とんカツ列伝

――福井、駒ヶ根、会津若松、岡山、瑞浪、新潟、訓子府、長崎、根室、加古川、越前

とんカツのルーツは？

とんカツは、カレーライス、コロッケと並んで日本三大洋食ともいわれるほど、我々の食生活には欠かすことのできない料理だ。カツ丼をはじめ様々なバリエーションを生んで、各地のB級グルメで活躍している。

とんカツの語源は、豚（とん）とカツ（カツレツあるいはカツレット）という日本語と外来語の合成語である。一八九五年に東京銀座の「煉瓦亭《れんがてい》」で、刻みキャベツを付けた、とんカツの前身となる「豚肉のカツレツ」が売り出され、その後、一九二九年に上野「ポンチ軒」の島田信二郎が分厚い豚肉を揚げたポークカツに「とんかつ」と名付けたのが最初とされている。そしてとんカツは全国各地に広がっていったのである。

カツ丼のルーツは福井にあり

カツ丼といえば、カツを卵でとじたものが一般的だが、創製のころには、ソースをかけたものだった。そんなカツ丼のルーツは一九二一年に早稲田高等学院の学生だった中西敬

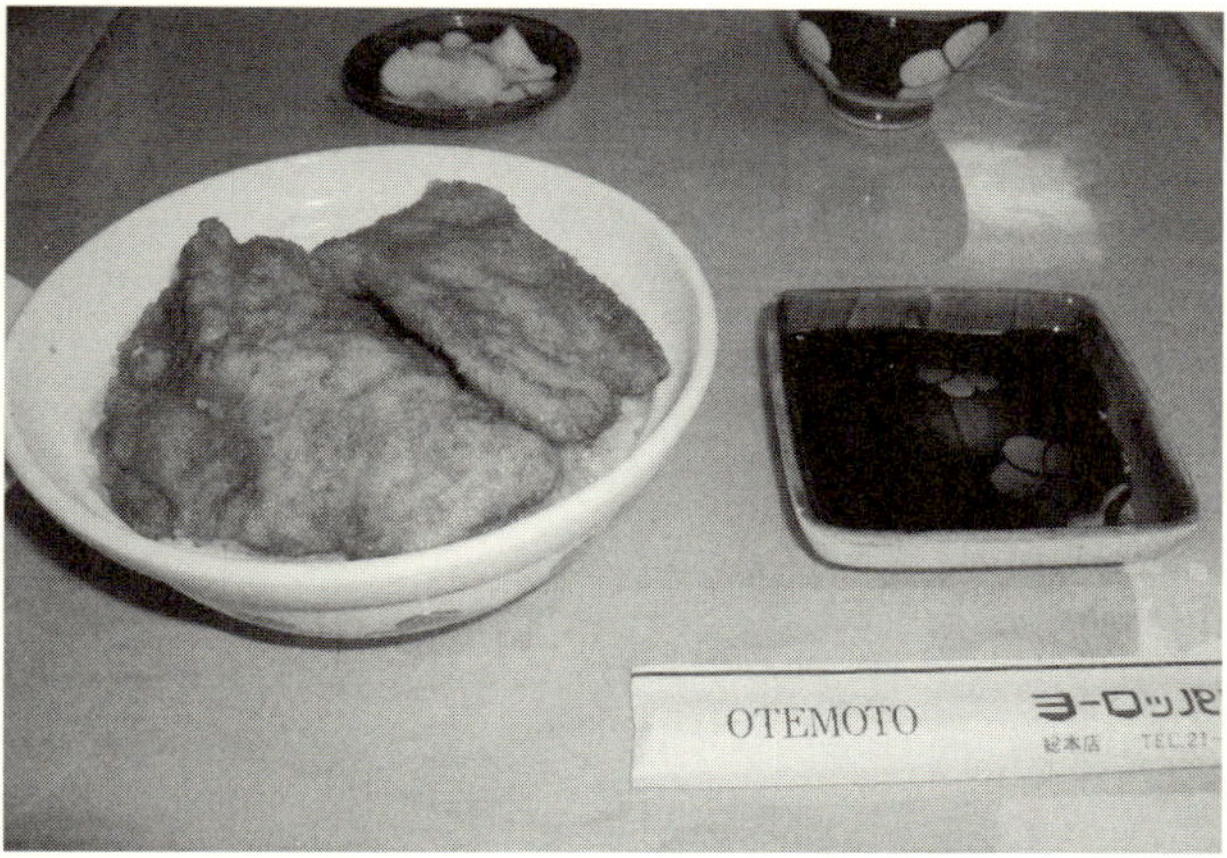

福井のソースカツ丼（「ヨーロッパ軒」）

二郎氏によって考案されたというのが定説であるが、その八年前の一九一三年に早稲田の近くに「ヨーロッパ軒」を創業した高畠増太郎氏が祖ともいわれている。高畠氏はドイツで料理の修業をし、そこでドイツ仕込みのウスターソースを日本人の味覚にあわせてつくったのがソースカツ丼だ。その後、関東大震災によって店が焼けたため、高畠氏は郷里の福井に戻って再び「ヨーロッパ軒」を開業した。今では福井市内だけでなく、敦賀市など福井県内の各地に支店があって、福井ではカツ丼といえばソースカツ丼が主流となっている。

「ヨーロッパ軒」のソースカツ丼は、ＨＰによれば、

「薄くスライスした上等のロース肉を、目の細かな特製パン粉にまぶし、ラード・ヘッドでカラリと揚げたカツを、熱々のうちにウスターソースをベースに各種の香辛料を加えた秘伝のタレにつけ、熱いご飯にタレをまぶした上にのせたカツ丼です」

とされている。店では丼とあわせて、ソースが足りない人のために小鉢に入ったソースも提供される。

ソースカツ丼もいろいろ

ソースカツ丼はなにも福井だけの専売特許ではない。地域全体でソースカツ丼を盛りたてているのが、長野県駒ヶ根市だ。ここでは、一九九三年に地元有志が「駒ヶ根ソースかつ丼会」を結成し、現在ではわずか人口三万人余りの市に四四の加盟店があって、そのうち三七店でソースカツ丼をメニューに加えている。ソースカツ丼によるまちづくりの元祖ともいえる存在だ。

駒ヶ根のソースかつ丼と福井のカツ丼のいちばんの違いはキャベツの有無だ。ご飯の上にキャベツが敷かれ、その上にソースにからめたカツが載せられているのが駒ヶ根流だ。

駒ヶ根ソースかつ丼会では、「お客様のための駒ヶ根ソースかつ丼規定」を定めてブランド化に努めるとともに、家庭でも手軽につくれるようにと、特製旨みソースを販売している。

ちなみに駒ヶ根の元祖は「喜楽」で、一九三六年頃に、初代の主人が、煮カツ丼を見て、ソースカツ丼を思いついたといわれている。

駒ヶ根市同様、ソースカツ丼をまちおこしに活用しているのが福島県会津若松市だ。会津若松のソースカツ丼もご飯の上に千切りキャベツを敷き、その上にソースに浸したとんカツが載せられたもので、駒ヶ根のソースかつ丼とよく似ている。会津若松飲食業組合のなかにある伝統会津ソースカツ丼の会が作成したマップによれば二〇店が掲載されているが、そのなかで異彩を放っているのが「なかじま」の煮込みソースカツ丼だ。これは卵とじカツ丼を割り下ではなくウスターソースでつくったもので、一般的な卵とじのカツ丼とソースカツ丼の折衷型という非常に珍しいカツ丼だ。

ちなみに、会津若松のソースカツ丼については、大正起源説、昭和（戦前）起源説、昭和（戦後）起源説があって、ルーツははっきりしない。

岡山のドミカツ丼（「味司 野村」）

このほか、群馬県高崎市や桐生市などにもソースカツ丼の店が多いが、福井同様、キャベツはなくてさらっとしたソース仕立てである。

変わり種のカツ丼も

岡山にはドミカツ丼ともデミグラ丼とも呼ばれる変わったカツ丼がある。元祖とされる「味司 野村」では、一九三一年の創業以来、七〇年以上もドミグラスソースカツ丼としてメニューに載せている。カツ丼の上にドミグラスソースが載っているというのを聞くだけでとても胃にもたれる食べ物ではないかと思えてくる。実際に出てきた丼には、とろりと光るドミグラスソースがカツにたっぷりとかかってグリーンピースが添えられている。食べてみるとソース独特の甘さとカラメルのような苦みがあり、癖になりそうな味だ。見た目ほど胃がもたれることもなく、カツとご飯の間に敷かれた茹でたキャベツがボリューム感をやわらげている。

ソースのベースはフォン・ド・ヴォーや中華スープ、煮干しのだし汁など様々である。岡山市内では、ラーメン店でドミカツ丼を出しているところが多いようだが、なんとも奇妙な取り合わせだ。

岐阜県瑞浪市《みずなみし》のあんかけカツ丼も変わり種のカツ丼だ。あんとカツ丼がどのようにコラボレーションしているのか、食べるまでは疑心暗鬼だったが、実際、食べてみるとあんかけのとろみがカツにマッチしていて、正直私が食べた様々なカツ丼のなかでは一番美味しかった。瑞浪駅前に八〇年近く続く老舗の「加登屋《かどや》」では、カツの上に、ムロアジや本節のだし、卵など五種類の素材でつくった甘いあんをかけている。カラッと揚がったカツのサクサク感とあんのとろみが絶妙だ。このカツ丼は、卵が貴重だった時代に安くてボリュームのあるものを食べてもらいたいという店主の思いから考案されたメニューだ。瑞浪市

瑞浪市のあんかけカツ丼（「加登屋」）

には「加登屋」のほかに「ありが食堂」などのあんかけカツ丼の店がある。

卵を使わないカツ丼のなかには醤油仕立てのものもある。新潟市内には、薄いとんカツを醤油ベースのたれに浸してそのまま丼飯の上に載せる醤油カツ丼を出す店が多い。卵やキャベツを使わないシンプルな丼で、ご飯の間にカツを挟んだ二段重ねのものもある。一九四五年に新潟市の「とんかつ太郎」初代店主が考案し広めたといわれている。

このほか、北海道北見市の隣の訓子府町《くんねっぷちょう》にはご飯の上に海苔《のり》を敷いて揚げたてのカツを載せ、それに醤油ベースのたれをかけ、グリーンピースをまぶした和風仕立てのカツ丼

長崎名物トルコライス（「ツル茶ん」神崎貴彦撮影）

がある。訓子府駅近くにある、一九四九年創業の「福よし」が元祖で、ここで修業して独立した人も多く、「訓子府カツ丼」として町の名物の一つにもなっている。

長崎なのにトルコ？

とんカツを使ったB級グルメはカツ丼だけではない。そのなかでもネーミングで一際目立つのが長崎市のトルコライスだ。ドミグラスソースのかかったとんカツ、ピラフ、スパゲッティ、そしてサラダを一つの皿に載せたメニューである。長崎県以外で見ることはほとんどないが、長崎の洋食屋では一般的に見られ、コンビニエンスストアや弁当チェーンなどでも販売されるようになって全国的な知名度も上がっている。一九二五年創業の喫茶店「ツル茶ん」や、欧風料理店「ボルドー」などが有名だ。

一九五〇年代に登場したメニューであるが、ネーミングも含めて正確な発祥は不明である。例えば、ピラフはもともとはピラウというトルコ料理で主食の付け合わせに使われていることから、ピラフのことをトルコ風ライスと呼び、とんカツとスパゲティは単なる付け合わせであるという説もある。

ユニークなとんカツ料理たち

ユニークなとんカツ料理の西の雄が長崎のトルコライスなら東の雄は根室のエスカロップだろう。肉の薄切り、またそれに衣を付けてソテーしたカツレツを指すフランス語のエスカロープが語源。根室市ではエスカとも呼ばれるローカルフードだ。炒めたライスの上にとんカツを載せ、ドミグラスソースをかけたもので、ケチャップライスの赤エスカと、バターライスの白エスカがある。バターライスにはみじん切りのタケノコが入っているのが特徴だ。エスカロップは、根室市の洋食店「モンブラン」のシェフが一九六三年頃考案

越前市のボルガライス（「ヨコガワ分店」）

し、短期間で市内に普及したといわれている。根室市内の多くの喫茶店がメニューとしており、コンビニエンスストアでも「エスカ弁当」が売られている。

兵庫県加古川市にはかつめしというメニューがある。かつめしは、皿に盛ったご飯の上にビフカツあるいはとんカツを載せ、ドミグラスソースベースのたれをかけ、茹でたキャベツを添えている。箸で食べるのが特徴で、加古川市内にあった「いろは食堂」が一九五三年頃に考案し、手軽に食べられることから市内の食堂や喫茶店に広まり、地域の名物料理になったという。

福井県の旧武生《たけふ》市（現在の越前市）にはボルガライスという変わった名前のメニューがある。これはオムライスにカツを載せてドミグラスソースをかけたもので、なかのチキンライスの味付けにもドミグラスソースを使っているという本格派だ。命名の由来はボルガ川から来ているとか、客の命名とか諸説あってはっきりしないが、総社大神宮の参道にある洋食屋「ヨコガワ分店」に行けばボリューム満点のB級グルメに巡り合うことができる。

第六章　はばたけやきとり達

——美唄、室蘭、福島、東松山、長門、今治、久留米、丸亀、新潟、釧路

やきとりのオリンピック?

第一章で触れたように、福島市で二〇〇七年に開催されたやきとりの祭典、「第一回やきとリンピックIN福島」には、福島市内のやきとり店を始めとして全国各地の著名な店が集結した。このイベントは、全国やきとり連絡協議会加盟の七都市(北海道室蘭市、北海道美唄市《びばいし》、福島県福島市、埼玉県東松山市、愛媛県今治市、山口県長門市、福岡県久留米市)の名物店が一堂に集うやきとりの祭典だ。第一回目は福島市市制施行一〇〇周年記念事業の一環としても行われ、関係自治体や商工会議所の後援を得て開催された。

全部で二〇のやきとり店が出店したが、このなかには室蘭市の「やきとりの一平」、美唄市の「やきとりのたつみ」、東松山市の「ひびき」など名だたるやきとり店が出店している。二日間で約四万人の入場者を集め、来場者の人気投票では室蘭市の「やきとりの一平」が第一位となっている。ちなみに第二回は二〇〇八年八月に室蘭市で開催された。

焼鳥とやきとりの違い

ところでみなさんは、「焼鳥（焼き鳥）」と「やきとり」の違いをご存じだろうか？
『広辞苑』によれば、焼鳥の項には、「鳥肉に、たれ・塩などをつけてあぶり焼いたもの。牛・豚などの臓物を串焼にしたものにもいう」と書かれている。
だが、料理記者の岸朝子さんによれば、「『焼き鳥』は文字通り『鶏』を焼いたものだが、やきとりは『広辞苑』にも牛、豚などの臓物を串焼にしたものとあります」（出典：やきとリンピックでの株式会社ひびきの掲示）と焼鳥とやきとりの違いを説明している。そのため、連絡協議会の名称も焼鳥ではなくやきとりとなっている。鶏肉主体の店もあれば、豚肉中心の店もあるのだ。

七大やきとり？

全国やきとり連絡協議会加盟の七つの自治体はそれぞれやきとりの街として有名だ。以下、協議会のＨＰを基にその特徴を紹介する。

美唄市については、

「美唄のやきとりは、さまざまな鶏の内臓肉を一本の串に刺したスタイルで『もつぐし』と呼ばれます。内臓肉を茹で、頭に肉、根元に皮を刺し、真中にきんかん（著者注：体内の卵）、レバー、ハツ、砂肝などの内臓肉と玉葱をはさんで焼き上げます。コショウを効かせた塩味で、茹でているため匂いも気にならず、一本が平均八〇円と安くて食べやすいので、地元の人は一〇本単位で注文します。そのため、やきとり屋さんでは、串の注文で観光客と地元の人を見分けるといいます。明治時代、開拓のため北海道にわたった人たちには鶏のつがいが支給され、その鶏を大事に育てましたが、人が訪れたり、鶏が死んでしまったときには、ごちそうとして食べました。内臓までも余すところなく食べたのが、美唄やきとりや鳥めしのはじまりといわれています」

この串刺しのスタイルを確立したのが故三船福太郎さんで、その手法を引き継いだのが「福よし」だ。「福よし」では、もつやせい（精肉）の串のほか、やきとりをそばに入れる独特の食べ方がある。そばのだしももつからとるというこだわりの一品だ。また、美唄市では、鶏肉や皮をご飯に炊き込んだ醤油味の鳥めしも有名だ。

室蘭市は、

「明治四二年、溶鉱炉に火が灯ってから九〇年余。鉄鋼の街として栄えてきた室蘭にやきとり屋の火が灯ったのは、昭和のはじめ頃。工場に従事していた労働者たちの胃袋を満たす、かっこうの食べ物として、『やきとり』が拡まりました。室蘭のやきとりは、豚肩ロース肉と玉ネギを串に刺したものをタレで焼きあげます。北海道は玉ねぎの産地のため、安くて手に入りやすかったことから、室蘭独自のスタイルになったようです。洋がらしを付けて食べるスタイルは、二〇年ほど前、お客さんの要望からうまれたといいます。確かに辛味は、豚肉の旨さを引き出してくれますから、カラシの使用はうなずけるところです。

（参考資料：室蘭市広報）」

とされている。

室蘭では、豚肉のことは「豚精《ぶたせい》」、鶏肉のことは「とり精」と呼ばれている。第一回やきとりンピックで優勝した「やきとりの一平」のメニューには、最初に豚のやきとりがずらりと並んでいる。また、うずらの卵が殻ごと食べられる「コロンブスの卵」はなかなかの珍味だ。

第一回のやきとリンピックの開催地でもある福島市については、

「素材は鶏肉中心、炭で焼くといった極めてオーソドックスな焼き鳥です。仙台のベッドタウンという側面も持つ福島では、サラリーマンたちの仕事のうっぷんのはけ口として、よく利用されているようです。福島JCのメンバーが中心となってつくられた福島焼き鳥党は、焼き鳥について語り、学び、普及を行う政党です。平成一三年に結成され、『突刊福島の焼き鳥』という雑誌の発行やインターネットでの『焼き鳥文学』や『焼き鳥随筆』など、参加型のイベントを行っています。約六万人が訪れた『福島焼き鳥党』のホームページなどで、福島＝焼き鳥のイメージを着実に築いていています」

と紹介されている。他の地域に比べると比較的やきとりの歴史は浅いようではあるが、その分JC関係者などの熱意によってその人気が高まっているようだ。また、近隣の川俣町《かわまたまち》の地鶏、川俣シャモは有名で、長門市や和歌山県日高川町と、世界一長い焼鳥競争を繰り広げている。

味の決め手はみそだれ。東松山市のやきとり

東松山市については、

「東松山市のやきとりは、炭火でじっくり焼いた豚肉に辛味の効いた『みそだれ』をつけて食べます。味の決め手は、各店秘伝の『みそだれ』。白みそをベースに、ニンニク、唐辛子など一〇種類以上の香辛料をブレンドしてつくられます。また、豚肉のうちでも人気はカシラ肉。こめかみ、ほほ、あごなど豚の頭部の肉のことです。特に最近、頬肉が『トントロ』と名づけられて有名になっていますが、もともとはあまりつかわれなかった部位。一般のスーパーでは見かけることの少ない肉ですが、東松山ではごく普通に売場に並んでいるそうです。カシラ肉は、濃い味わいと弾

でした。造船やタオル関係の労働者にとって、『鉄板焼鳥』は、安くて美味しいと爆発的な人気を呼んだのです。労働者たちの胃袋を満たすために、『やきとり』はかっこうの食べ物でした。鉄板焼は焼きに加え、蒸す、揚げるの要素が加わり、早く火が通って肉の旨味が増すようです。違いが大きく出るのは『皮』。表面はカリッと硬く、中は柔らかくジューシー。気になる脂分をほとんど感じさせません。『皮』の材料と名前は同じでも、鉄板焼と炭焼ではまったく別ものです」

と紹介されている。確かに鉄板の上で串に刺された鶏肉がジュージュー焼かれている光景はちょっと違和感はある。だが、炭焼の店よりは早くできあがり、味も決して見劣りしない。そして今治やきとりの真骨頂は、なんといっても皮だ。皮は串刺しではなく、皿に盛られて出される。表面はカリカリに焼けているが、一口嚙んでみると、そのジューシーさは感動的だ。このほか、鶏のから揚げは、「せんざんぎ」と呼ばれている。

久留米市については、

「久留米のやきとりは、福岡の屋台スタイルにみられる『さがり』などの牛肉、バラ肉を中心とした豚肉、鶏肉などが混在したスタイルです。驚きなのは、馬肉をつかったやきとりがあること。やきとりのはじまりは、ゴム工場などで働く労働者層を中心としたものでしたが、現在は進化してファミリー層を中心としたものに変っています。他の地域では信じられないほど、『やきとり＝夜』のイメージからほど遠く、例えば、小学生の野球大会の打ち上げが焼鳥屋で行われることもあります。やきとりが、愛され、市民権を得た存在であることは間違いありません。やきとりの定義は幅広く、『ししゃも』も串に刺されてやきとりと称することも。久留米のやきとりファンが独自だと誇るのは酢ダレがかかったキャベツのお通し。豊富なメニューの口直しにキャベツをつまみ、やきとりで盛り上がるのです。久留米の馬を使ったやきとりでは、小腸のことを『ダルム』、舌のことを『タング』、大動脈のことを『センポコ』といいます」

と紹介されている。久留米のやきとりの特徴はなんといってもその種類の豊富さに尽きる。やきとり店に入ると、どれを注文すればいいか目移りしてしまう。

久留米では、二〇〇三年以降やきとりに関する様々なイベントが開催されていて、二〇〇八年一一月には、第三回B―1グランプリが開催される。

ザンギと特製ソース

これらの七つのやきとりはそれぞれの個性を競いながら地域の元気づくりに貢献しているのだ。

骨付き鳥やザンギもおつなもの

鶏料理はなにもやきとりばかりではない。名古屋の手羽先や宮崎のチキン南蛮などが有名だが、うどんどころ、香川県の丸亀市が発祥の骨付き鳥もなかなかおつなものだ。丸亀市のＨＰの観光情報によれば、鶏の骨付きも肉を高温のオーブン釜などで焼き上げたもので、全国的にも珍しい。表面はこんがりで噛《か》みごたえがあり、深い味わいのおやどりと、柔らかくてジューシーで食べやすいひなどりの二種類がある。どちらも皮がパリッと香ばしく、食べると肉汁があふれ出て、やみつきになる味わいだ。この肉汁をキャベツやおにぎりに付けて食べる。ビールとの相性も抜群だ。元祖は一九五二年創業の「一鶴《いっかく》」だ。

骨付き鳥が有名なのは丸亀だけではない。新潟の鶏のから揚げは、若鶏の半身揚げが一般的だ。皮は薄く、パリッと香ばしく揚げられ、中身は柔らかくてジューシーな仕上がり、そして皮にはカレー粉の味付けが新潟流だ。元祖は「せきとり」で四〇年以上の歴史を持つ。大きなから揚げなので持ち帰るお客も多い。

このほか、北海道ではザンギと呼ばれる食べ物がある。これは鶏のから揚げの一種で、釧路市の「鳥松」が元祖といわれている。釧路のザンギは味がほとんど付いてなくて、特製ソースに胡椒をふりかけ、付けながら食べるのが一般的だ。ザンギ専門店の「鳥善」では、鳥料理は骨付きと骨なしのザンギ、それにから揚げの三品だけだが、道外からもファンが訪れる名店だ。

第七章　身も心も温まるおでんの街

——静岡、青森、姫路

おでんの歴史

おでんは漢字では御田とも書かれる煮物料理の一種だ。鰹節、昆布等でだし汁を取り、醤油等で味付けしたつゆに、コンニャク、大根、茹で卵など様々な具材を入れて煮込んだ料理である。具材の種類は地域や家庭によって大きく異なるローカルフードでもある。そのルーツは、室町時代の田楽といわれている。田楽には、串刺しにした具を焼いた「焼き田楽」と、具を茹でた煮込み田楽があるが、煮込み田楽が、田楽の「でん」に接頭語「お」を付けた「おでん」と呼ばれるようになった。

一般的に関東では濃い味付け、関西では薄い味付けが好まれているが、おでんに関しては全く逆で、関東では薄味、関西では濃い味が伝統的とされていた。だが、最近では関東でも濃い味のほうが優勢のようだ。薬味は全国的に練り辛子が主流だが、味噌だれやネギだれなどを用いる地域もある。

地域によって個性が様々なおでんは、今ではコンビニに欠かせない看板メニューだ。

市民生活に根付いた静岡おでん

おでんをまちおこしに活用している地域はいくつかあるが、そのなかでも全国的な知名度を得ているのが静岡おでんだ。静岡おでんの会のHPによれば、静岡おでんには、

一　汁が茶色がかった特徴を持つ
二　静岡名物の「黒はんぺん」が入っている
三　青のり・かつおぶし・味噌だれをお好みで使う

という特徴がある。

汁は牛スジや切り出し肉でだしを取って醤油だけの味付けが多い。おでん種の一番人気ははんぺんだが、他ではおなじみの白いはんぺんではなく黒はんぺんだ。黒はんぺんの正体は鯖とイワシを使った練り物で、つみれに近い。骨も皮も取り除かずに使うので、色が黒く、カルシウムが豊富で歯ごたえがある。ちなみに地元では、おでんだけではなくフライにしたり、身近な食材として親しまれている。すべての具に竹串を刺してあるのも独特だ。

また、青海苔《あおのり》や鰹節はだし粉と呼ばれるふりかけになっている場合が多い。だし粉は鯖

やイワシなどの削り粉をミックスしたもので、それに青海苔が併用されるが、だし粉と青海苔が別に用意されていることもある。静岡おでんの特徴の一つに、居酒屋や専門のおでん屋以外に駄菓子屋や肉屋、なかには八百屋におでんを置いているところもある。

静岡市内の中心繁華街には数多くのおでん屋が軒を並べている。特に、青葉横丁、青葉おでん街、ちゃっきり横丁などには客が一〇人くらい入れば満席になってしまうような小さなお店が集まっている。訪れてみると、なんだかタイムスリップしてしまったような気分になる。これらの店の多くは、以前は屋台のおでん屋だったが、衛生面などの問題から一九六〇年代に横丁で営業するようになったものだ。

青森の生姜味噌おでん

二〇一〇年の新幹線の開業に向けておでんを地域活性化の目玉にしようとしているのが青森市だ。二〇〇五年に商工会議所などが中心となった青森おでんの会が設立された。会の設立趣意によれば、青森の生姜味噌おでんについて以下のように紹介している。

生姜味噌おでんは、戦後、青森市古川から青森駅にかけて雨後の筍《たけのこ》のようにできた屋台（闇市）で提供されていた「おでん」に由来するといわれている。冬の厳しい寒さのなか、青函連絡船に乗り込もうとする船客の体を少しでも温めようと、ある一軒の屋台のおかみさんが味噌に生姜をすりおろして入れたのが喜ばれ、広まっていったのが始まりのようである。

「『青森生姜味噌おでん』を当地の食材文化として再認識し、名物として広め、更には『青森はおでんの街』といわれるまで発展することができれば、まさに地域活性化につながっていくのではないかと考えております。『青森生姜味噌おでん』を全国に向けて発信し、全国からお客様を迎える態勢を確立する。そのためには、関係する事業者が連携して事業を展開することが重要であります」と表明している。

青森おでんの会で紹介されているおでんのお店は二〇店ほど。静岡おでんに比べると、地域の総力戦でおでんを盛り立てていこうという意気込みが青森おでんの会には感じられる。見方を変えれば青森の場合、地域経済の停滞がそれだけ深刻だということの裏返しなのかもしれない。有効求人倍率なども青森県は全国で最下位クラスに留まっている。新幹線が開業すれば、観光客の増加も見込めるだろう。本格的な取り組みはこれからだ。

姫路の生姜醤油おでん

味噌おでんは、青森県を始め北海道、岩手県、香川県、愛媛県など各地に点在しているが、全国的に珍しいのが姫路市周辺の生姜醤油おでんだ。姫路市を中心に加古川市から相《あい》生《おい》市《し》にかけての地域では、おでんに生姜醤油をかけるのが流儀だ。

姫路おでんという名称は、「姫路おでん探検隊」という市民グループが命名したものだ。このグループは姫路おでんをご当地グルメとして広く全国に紹介することによって「姫路のまちの魅力づくりと情報発信」を目指そうと、まちを愛する食いしん坊が集まって構成されている。食べ方の起源については諸説あるようだが、昭和初期に姫路で、甘辛い関東煮に生姜醤油をかけて味を調整して食べたのが始まりではないかといわれている。食べ方も様々で、探検隊のＨＰによれば、次のどのやり方も姫路おでんと認定している。

●だし汁を切って、上からたっぷりと生姜醤油をかける
●だし汁に生姜醤油をお好みで混ぜる
●かけるのではなく、刺身のように生姜醤油につけて食べる

姫路おでんは生姜醤油を使っているせいか、意外とあっさりしている。青森おでん同様、生姜が入っているので冬などは体が温まる優れものだ。探検隊のＨＰでは、姫路おでんが食べられる店を、市内だけで九〇店以上紹介している。

第八章　個性いっぱいのコナモン達

——岸和田、高砂、行田、大洗、山形

庶民の味方、コナモン

粉物、粉もの、粉もん、そしてコナモン……。粉でできた食べ物のことをコナモンという。たこ焼き、お好み焼き、うどん、そばはもちろんのこと、パンやパスタ、餃子や冷麵、天ぷらと我々の食生活はコナモン抜きには語れない。粉そのものも小麦粉もあれば米粉、トウモロコシ粉、豆粉など様々だ。

コナモンのなかでもたこ焼きは特に人気の一品だ。もともとは大阪のローカルフードという存在に過ぎなかったが、今では全国に五〇〇〇軒以上のお店があるといわれている。たこ焼きの前身のラヂオ焼きはたこではなく、コンニャクが中に入っている。それをたこに変えた元祖が、今から七〇年以上前の一九三五年にたこ焼きの暖簾を掲げた「会津屋」だ。当時のたこ焼きは生地に味を付けたもので、ソースを付ける今風のたこ焼きとは一味も二味も違う。

たこ焼きやお好み焼きなどのコナモンのよさは値段の安さと手軽さ、そしてなによりもその味だ。最近では世界的な小麦粉価格の高騰によって、値上げを余儀なくされる店も多いが、三〇〇円前後で小腹を満たすことのできるコナモンたちはまさに庶民の心強い味方だ。

こんなコナモン好きな人たちが集まって結成されたのが日本コナモン協会だ。協会では五月七日を「コナモンの日」と定め、各地でイベントも行われている。また、二〇〇七年秋には大阪で一三〇の店舗が参加して大阪コナモン博覧会が開催された。大阪のコナモンを切り口にして、大阪の食の歴史や食の都としての奥深さなどをPRしようとする一大観光イベントだ。博覧会の一環として粉もん王座決定戦が開催され、大阪を代表するコナモン店一〇店と、日本各地のご当地コナモン店五店の計一五店が競い合い、初代粉もん王座は、大阪のたこ焼き店「道頓堀くくる」に、準王座として、静岡県の富士宮やきそばと「道頓堀赤鬼」のたこ焼きが選ばれた。

岸和田の雄、かしみん焼き

大阪府の南西部にある岸和田市はだんじり祭で有名だ。そんな岸和田市のもう一つの名物がかしみん焼きだ。かしみんとはなんとも変わったネーミングだ。いったいどんな由来があるのだろうか。

もともと西日本では鶏肉のことをかしわと呼ぶ。小麦粉を溶いた生地にかしわを載せて焼くのを「かしわ焼き」という。また、すき焼きなどで使われる牛脂をミンチにしてふりかけのようにふる「みんち焼き」というのも、岸和田のお好み焼き屋さんによくあるメニューだった。この二つを混ぜてくれというお客の注文に応じて出したのが、かしみん焼きである。つまり、かしわとミンチ（牛脂）を掛け合わせて生まれたお好み焼きだ。

シンプルだがコクのある、一度食べたら忘れられない味、それがかしみん焼きの魅力だ。こりこりした鶏肉とこってりした牛脂の組み合わせがたまらない。

高砂のにくてん

お好み焼きの前身といわれているのがにくてんだ。神戸市長田区にはにくてんの専門店が集まるにくてん街もあった。にくはスジ肉、てんは天かすのことで、一般的なにくてんは、スジ肉とコンニャク、天かす入りの薄いネギ焼きにウスターソースをぬって二つ折りにしたものだ。これが高砂市に行くと、具材に甘辛く煮込んだじゃがいもが加わる。高砂で昔から親しまれているものだ。じゃがいも入りの焼きそばも美味だが、お好み焼きにじゃがいもが入るのもおつなものだ。じゃがいもの食感が加わって甘みが増し、なかなかの美味だ。

高砂のにくてん喰わん会は、にくてんマップを作成したり、兵庫県ご当地グルメサミットに出品するなど街の活性化に一役買っている。

謎の物体、行田のフライ?

コナモンの東の雄といえばもんじゃ焼きだろうが、行田市のフライも忘れてはならない存在だ。フライとは、水溶き小麦粉に、ネギ、肉などの具を入れ、鉄板上で薄く香ばしく焼き上げたものだ。

フライは、お好み焼きに比べると薄く、和風のクレープといった風にも見える昔ながらのファストフードで、お好み焼きとクレープの中間のような腹もちのする食べ物だ。フライの歴史は今から八〇年以上前に遡《さかのぼ》る。埼玉県は、もともと小麦の栽培が盛んで加須《かぞ》うどんなどが有名だが、県北の行田市や熊谷市周辺の小麦粉を栽培する農家などでは「たら

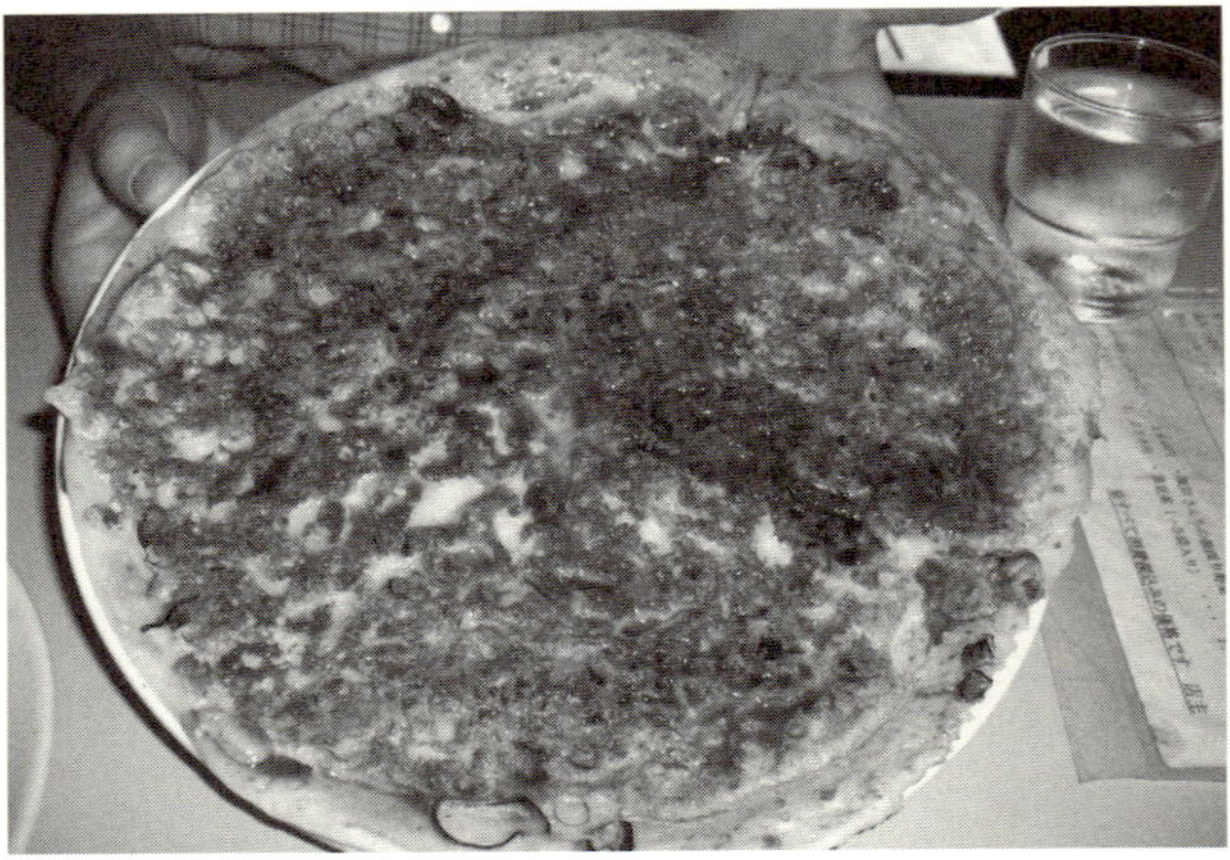

行田市のフライ（「かねつき堂」）

し焼き」や「水焼き」と呼ばれるものがおやつやお茶受けに食べられていた。

　これは小麦粉を水で溶いて焼き、醤油で味付けしたりゴマ味噌で和えたりしたもので、ネギを入れることもあった。その後、一九二五年頃に、足袋工場で働く女工さんたちの休憩時のおやつとして出されるようになってからフライを販売する店が増えて、この地域に根付くようになったのだ。

　フライといっても揚げ物ではなく、最初はフライ焼きと呼ばれていたようだが、その名前の由来には、フライパンで焼いていたからという説や、行田市が足袋産業が盛んだったために布が来ると書いて「布来《フライ》」、あるいは

「かねつき堂」のゼリーフライ。ゼリーのフライではない

富が来ると書いて「富来《フライ》」と呼ばれるようになったという説がある。

今では行田市内だけでも二〇軒以上、熊谷市など周辺を含めると五〇軒以上のフライを出す店がある。値段も三〇〇円前後と大変お値打ちで、具があまり入っていないシンプルなものから焼きそば入りのものまでいろいろな種類のフライがある。

行田市にはフライと並んでもう一つ謎のB級グルメがある。それが、ゼリーフライだ。ゼリーフライといってもゼリーを揚げたものでもなければ、フライの中にゼリーが入っているわけでもない。一見するとコロッケのようだが、表面はどちらかというとつるっとしている。まさに「衣の付いていないコロッケ」といった感じだ。

おからにじゃがいもや野菜を細かく切って混ぜ、油で揚げてソースにくぐらせてできあがりだ。ゼリーフライのルーツは日露戦争の時に中国から伝わった野菜まんじゅうといわれている。形や大きさが小判に似ているので、銭《ぜに》フライが訛《なま》ってゼリーフライになったといわれているが、真偽のほどは定かではない。

値段も一個一〇〇円前後と手頃でしかもヘルシーな軽食だ。その多くが産業廃棄物として処分されているおからも、ゼリーフライにすれば老若男女にもっと愛されるだろう。

大洗の〇〇〇たらし?

コナモンのなかでも最も水分をたっぷりと含んでいるとされるのが茨城県大洗町のたらしだ。たらしとは、ゆるく溶いた小麦粉にネギ、切りイカなどの具材を混ぜ、醬油やソースで味付けし、鉄板の上でヘガシというさじを使って攪拌《かくはん》しながら焼いて食べる鉄板焼きのことで、東京名物のもんじゃ焼きに似ている。

大正時代に誕生したといわれていて、主に駄菓子屋さんで売られている。今では居酒屋やお好み焼き店でも取り扱う店が増えている。なんとも素朴な味わいだ。名前の由来は、鉄板にたらして焼くことから付いたようだ。二〇〇円前後で楽しめる究極のB級グルメだ。

山形に根付いたどんどん焼き

どんどん焼きはもんじゃ焼きの進化形だ。持ち帰りに適するようにもんじゃを固くしたのがどんどん焼きだが、今では山形などごく一部の地域にだけ根付いている由緒正しきコナモンだ。名前の由来は客寄せのために太鼓をドンドンと鳴らしながら売り歩いたことで、熱い鉄板に溶いた粉を薄く伸ばし、伸ばした生地の上に海苔や魚肉ソーセージなどを載せ、焼き上がったものを割り箸にくるくる巻き取り、ソースあるいは醬油をハケで付けてできあがりだ。一本二〇〇円前後とお手頃な値段で、イベントなどの出店でよく見かける山形の定番ファストフードである。

第九章　麺もいろいろ

――香川、北九州、盛岡、呉、広島、山形、富山、徳島、須崎、伊那、名古屋

うどんといったらやっぱり……

前の章でも触れたように、うどんもコナモンの代表格の一つだ。全国各地にご当地うどんがあるが、そのなかでも一九九〇年代からブームとなっているのが四国、香川の讃岐うどんだ。香川県内にはうどん・そば店が六五〇店ほどあって、人口当たりでは全国一の多さを誇る。讃岐うどんは弘法大師が中国から伝えたのがルーツともいわれているが、今のブームの火付け役となったのは、タウン情報誌の編集長を務めていた田尾和俊四国学院大学教授だ。一九九三年には『恐るべきさぬきうどん』を刊行、うどんの穴場探検仲間を集めて「麺通団」と称し、自ら団長に就任した。その後、マスコミで讃岐うどんのことが再三取り上げられるようになり、讃岐うどん八十八か所めぐりなど讃岐うどんツアーも人気を博し、その知名度は完全に全国区のものとなったのだ。

讃岐うどんの魅力は、ファストフード感覚、ヘルシーさに加えて、一〇〇円前後の安いものもあるという低価格が挙げられる。また、小サイズのうどんだったら何軒もハシゴできることも魅力の一つだ。

うどん屋のなかでも、カウンターでうどんの玉数を言い、鉢に入った麺を受け取って自分で湯がき、蛇口付きのタンクからだしをかけ、好みで天ぷら、おでんなどを取って代金を払うパターンのセルフの店が大人気だ。このほか、ちょっと田舎のほうにある製麺所付属のお店も讃岐独特のスタイルだ。

香川県はうどん生産に使われる小麦の消費量が全国第一位でシェアも二割を超えているが、そのほとんどがオーストラリア産だ。最近では、讃岐でつくった小麦でうどんが食べたいという県民の声に応えて、讃岐うどん専用の小麦、「さぬきの夢2000」が開発されている。

讃岐うどんの種類も様々だ。かけやざるといった一般的なものから、「釜揚げ」(麺を茹でたお湯と一緒にそのまま鉢に入れたもの)、「湯だめ」(できあがった麺を水でしめて熱いお湯に入れたもの)、「釜玉」(茹で上がった麺を溶き卵の入った器に直接入れてまぶし、細ネギ、だし醤油を少量かけて食べるもの)、「ぶっかけ」(茹で上がった麺に、大根おろし、ネギ、生姜などの薬味を載せ、薄めたつけ汁を直接かけて食べるもの)、「醬油」(水でしめてそのまま鉢に入れ、醤油をかけて食べるもの)まで食べ方も個性的だ。

もちろん、讃岐うどんだけがうどんではない。讃岐うどんの台頭で少し影が薄くなった感じの大阪のうどんや地粉を使った武蔵野うどん、讃岐うどんと並んで三大うどんと称される秋田の稲庭うどんや群馬の水沢うどん、埼玉の加須うどんや富士吉田市の吉田のうどん、真っ黒汁に柔らか麺の三重の伊勢うどんなど各地のご当地うどんも讃岐うどんに負けまいと頑張っているのだ。

焼きそばのライバル？　小倉の元祖焼うどん

焼きそばの強力なライバルが焼きうどんだ。手軽に調理できることもあってか、お祭りの縁日では人気を二分しているといっても過言ではないだろう。この焼きうどんの発祥の地は北九州市の小倉北区だ。終戦直後の食糧難の時代に、小倉北区魚町の鳥町食堂街にある「だるま堂」の先代の主人がソース焼きそばをつくろうとしたもののそば玉が手に入らず、代わりに干しうどん（乾麵）を使ったのが焼きうどんの始まりだ。小倉では今でも干しうどんを使う店が多いが、全国的にはゆでうどんを使う店がほとんどだ。

小倉発祥の焼うどんの特徴は、干しうどんを用いることのほか、豚のバラ肉を使うことや、店独自の秘伝のソース、アジ、サバ節の削り節を使うことなどが挙げられる。

また、横手やきそば同様、目玉焼きを載せたものもあって、小倉ではこれを「天まど」と呼んでいる。語源は天窓から月を見た有様のようだが、黄身をからめてうどんを食べると、ソースと混ざって絶妙な味わいとなる。

二〇〇二年秋に、富士宮やきそばと小倉の焼うどんが勝負する「天下分け麵の戦い」が小倉城公園で開催され、投票の結果、僅差で小倉焼うどんが勝っている。

冷麵もいろいろ

冷麵といえば、その本場は朝鮮半島だ。そのなかでも平壌《ピョンヤン》冷麵と咸興《ハムフン》冷麵が本家として知られている。日本の冷麵発祥の地として有名なのは盛岡だ。

今や盛岡の代表的なB級グルメとなった冷麵を地域全体でPRしているのが盛岡冷麵普及協議会だ。協議会のHPによれば、

「朝鮮半島北部・咸興出身で、昭和初期に日本に移住してきた青木輝人さんという人が、昭和二九年(一九五四年)に盛岡で『食道園』という店(現在も営業中)を始めました。そ

の時、初めて盛岡に冷麵という食べ物が登場したのです。同じ朝鮮半島北部・平壌の冷麵は、すでに日本国内に伝わっていました。青木さんは、辛みのない、あっさりした平壌冷麵に、故郷・咸興の辛みのある冷麵の味をミックスしました。これが盛岡冷麵の始まりです。ほかにも盛岡の素材を生かした様々な工夫が加えられて、冷麵は盛岡に定着していきます。昭和四〇年代以降、冷麵を出す店が盛岡近辺に次々オープンするようになりました。それらの店も、それぞれ新しい味を生み出していきます。昭和六〇年代からのグルメブームも追い風になり、『盛岡冷麵』は一躍全国に知られるようになりました」

と紹介されている。

　また、冷麵の特徴としては、次のように述べられている。

「盛岡冷麵は小麦粉とデンプンで作られ、半透明のクリーム色をしています。デンプンが麵に強いコシを与えて、そば粉を使うやわらかい平壌冷麵とは違った、独特の歯ざわりを生み出しています。牛肉や鶏肉などを煮込んで味付けし、程よく冷やしたスープは飲み心地がよく、コクもたっぷり。このスープと、キムチの辛みが融合しています。辛みが苦手という人でも、キムチの量で辛さを調節して、おいしく召し上がることができます。そして、ゆで卵、キュウリ、季節の果物などを盛り付けることで味が多彩になります」

実際、店によって麺の固さやスープの味、盛りつけは様々だ。市内のあちこちにある冷麺専門店や焼き肉店で冷麺を食することができるが、盛岡の顔は冷麺だけではない。

実は、盛岡には三大麺と称される麺があるのだ。それは、盛岡冷麺、わんこそば、そして盛岡じゃじゃ麺である。じゃじゃ麺は、戦前、旧満州（現中国東北部）に移住していた高階貫勝氏が、大陸で食べた炸醤麺（ジャージャー麺）を持ち帰って屋台で出したのが最初といわれている。茹でたての温かい平麺のうどんに特製の肉味噌とキュウリ、ネギを載せ、好みにあわせてラー油やおろし生姜、ニンニクをかけて食べるものだ。食べ終わった後に卵を割って、肉味噌を加え、スープを注いでかき混ぜるとチータン（チータンタン）の完成だ。これを飲み干すのが盛岡流だ。ちなみに、この三つに、郷土料理を現代風にアレンジした「南部はっと鍋」を加えて盛岡四大麺と呼ぶこともある。盛岡は、北の「麺都」なのだ。

盛岡以外にも冷麺を売りにしているところがある。それが広島県の呉冷麺だ。東日本では冷麺といえば、盛岡冷麺のような朝鮮半島にルーツを持つものを指すのが一般的だが、

いろいろな要素が味わえる呉冷麺（「珍来軒」）

西日本では冷やし中華のことを冷麺と呼ぶことが多い。

呉冷麺の元祖は「珍来軒」だ。呉観光協会では、次のように紹介している。呉の冷麺の特徴は、きしめんのような太い平麺とピリ辛スープだ。鶏がらスープをベースに数十種類もの材料を煮込み、さらに三日間寝かせてゴマ油で風味付けした自慢のスープを最大限生かすには従来の中華麺では物足りなかったため、「珍来軒」の先代が平打ち麺を使うようになったのが一九五五年頃だった。

食べてみると、冷麺というよりは冷やし中華に近い味付けではあるが、麺はむしろじゃじゃ麺にも似ている。個人的には、（盛岡冷麺＋盛岡じゃじゃ麺）÷2≒呉冷麺だ。

ご当地冷麺は同じ広島県の広島市にもある。広島といえば、広島お好み焼きが有名だが、冷麺もなかなかのものだ。広島冷麺は、つけだれにラー油や唐辛子などの香辛料を入れ一般的なつけ麺より辛くした、つけ麺のバリエーションの一つだ。温かいたれにつけて食べるつけ麺とは違い、茹でた中華麺を冷やして、冷たいたれにつけて食べる。辛さに段階をつけ、調節できる店舗が多く、チャーシュー、ネギ、茹でキャベツなどがトッピングされ、かなりのボリュームがある。「新華園」が元祖といわれていて、最近では広島（風）つけ麺と名乗っているお店も多い。かなり刺激的な辛さなので、辛いのが苦手な人には呉冷麺のほうが口にあうだろう。

ちょっと変わったラーメン列伝

ラーメンほど、日本人の食生活に定着した麺はないだろう。全国各地にご当地ラーメンがあって、ラーメンに関する本や雑誌も数多い。テレビ番組でもたびたび行列ができるラーメン屋が紹介されているし、スーパーやコンビニの店頭にはインスタントラーメンやカップ麺が所狭しと並べられている。

限られた紙幅ではすべてのラーメンをとても紹介しきれないので、ここでは私の独断と偏見で個性的な四つのラーメンをラーメン界の四天王と勝手に名付けて紹介する。

まず、四天王のトップバッターは、山形の冷やしラーメンだ。食べるまでは、麺がふやけたりしていて美味しくないのではないかと心配していたが、山形市内の冷やしラーメンの元祖、「栄屋本店」で食べた瞬間、これが完全な誤解だったということに気付かされた。

暑い夏に冷たいラーメンが食べたいという客のリクエストに応えて冷やしラーメンが完成したのが一九五二年のことだった。スープを冷たくすると味の決め手である牛脂が固まってしまうので、牛肉の旨みだけを残して脂はきれいに取り除き、代わりに植物性の油でコクを出すという方法を開発し、牛、鰹節、昆布をベースにした伝承の味にゴマ油の香りを加え、氷が溶けても味が薄くならない工夫が施された風味豊かなスープに仕上げられた。麺は熟成されたコシのあるこだわりの太麺で、水にさらすことでよくしまること、伸びにくいことなどが特徴だ。チャーシュー、メンマ、かまぼこのほか、キュウリが加わることで涼感を増している。

富山ブラックラーメン（「西町大喜」）

さっぱりした冷やしラーメンの対極をいくのが富山ブラックラーメンだ。富山市内の「西町大喜」が元祖で、一九四七年に誕生した。名前の通り、スープの黒さに圧倒される。ラーメンの特徴は三点、第一に硬めストレート太麺、第二に元祖富山ブラックといわれる濃口《こいくち》醬油味スープ、そして第三に塩辛いメンマ、手切りのチャーシュー、秘伝の醬油だれ、粗切りネギ、粗びき黒胡椒といった具の面々だ。「西町大喜」の資料によれば、

「半世紀以上昔、ドカ弁やおにぎりを持った労働者のために、オヤッさん（創業者高橋青幹氏）は濃い味付けでチャーシューのたっぷり入った、『よく嚙んで』食べるおかずの中

華そばを考え出した」

とのことである。実際、食べてみるとその味の濃さについついご飯が欲しくなる。

ブラックラーメン同様、ご飯によくあうのが徳島ラーメンだ。小松島市や徳島市など徳島県東部のご当地ラーメンで、茶色の豚骨醬油スープに中細麵、トッピングには豚バラ肉やネギ、もやしのほか、生卵を入れるというのが特徴的だ。徳島で豚骨醬油が主流になった一つの理由として、県内に日本ハムの前身の徳島ハムの工場があり、そこで大量の豚骨が出たため、安く簡単に手に入れることができたからといわれている。

徳島ラーメンの名前が全国区になったのは、一九九九年に徳島市内にあるラーメン店「いのたに」が、新横浜ラーメン博物館に期間限定で出店したことがきっかけである。徳島出身の知人に聞くと、ラーメンは基本的にご飯のおかずとして食べるものなのだそうだ。そのせいか、通常のラーメンより量がやや少なめだ。

四天王のしんがりは高知県須崎市《すさきし》の鍋焼きラーメンだ。鍋焼きと聞けば普通はうどんと考えてしまうものだが、須崎市ではうどんではなくラーメンなのだ。

須崎市のＨＰによると、須崎の鍋焼きラーメンは、「谷口食堂」が発祥の地であるとされている。戦後まもなく開業したが、主人が亡くなったのを機に、一九八〇年頃に閉店してしまった。しかし、「伝説の名店、幻の味」として語り継がれていて、鍋焼きラーメンを出しているお店のほとんどが、「谷口食堂」の流れを汲《く》んでいる。鍋焼きラーメンが誕生した理由は、保温のためといわれている。出前の時に普通の丼を使うと冷めてしまうため、ホーロー鍋で届けていた。それが近年、土鍋に変わっていったのだ。スープは鶏がらの醤油味で、麺は歯ごたえあるストレートの細麺、具はネギ、ちくわ、生卵といたってシンプル、なにか懐かしさをおぼえるような、いわゆる和風ラーメンだ。そして、古漬けタクワンが付いてくる。須崎で鍋焼きラーメンを提供しているお店は四〇軒あまりあり、専門店から食堂、お好み焼き屋さんから焼肉屋さん、さらには居酒屋まで様々だ。私が食べに行った鍋焼きラーメンの専門店「橋本食堂」では、お客の多くがご飯を注文していた。徳島ラーメン同様、須崎の鍋焼きラーメンもご飯にとても合うB級グルメだ。

ラーメンでも焼きそばでもない、伊那ローメン

伊那ローメンと聞くと、知らない人は、「ラーメン?」と聞き返すのではないだろうか。

伊那ローメン（「萬里」）

だが、これはラーメンとは全く別物の長野県伊那地方のローカルフードだ。蒸した中華麺にマトンなどの肉と野菜を加えたもので、麺にはほとんどこしがない。ラーメンのスープを加えたスープ風ローメンと加えない焼きそば風ローメンがある。ローメンの元祖は伊那市の中華料理店「萬里」で、一九五五年に誕生したといわれている。

　伊那市周辺は羊毛生産が盛んで、特産のマトンとキャベツが使われている。最初にソースや酢を加え、好みに応じてゴマ油や七味唐辛子、おろしニンニクなどをかけて食べるのが一般的だ。名前の由来は、当初は炒肉麺《チャーローメン》だったものが、炒めるを意味する「チャー」

がとれて「ローメン」になったとされている。

地元では商工会議所のメンバーが中心となって「ローメンズクラブ」という団体が設立され、ローメンのPRや普及に一役買っている。また「蒸し」を「む（六）し（四）」と読む語呂合わせから、地元では六月四日をローメンの日と制定し、その日は普通のローメンを四〇〇円で食べることができる。

究極のB級グルメ？　あんかけスパゲティ

各地で人気となっているB級グルメの多くは、地元自治体や経済界のバックアップを得ているが、そういうものとはほとんど関わりなく、わが道を行く感があるのがB級グルメの聖地、名古屋だ。名古屋発祥のB級グルメは際限がない。一連の味噌グループ（どて煮、どて焼き、味噌カツ〈サンド〉、味噌煮込みうどん、味噌フォンデューなど）から台湾ラーメン、「喫茶マウンテン」の甘口メニュー（甘口抹茶小倉スパゲティ、味噌ピラフ、甘口メロンパン風スパゲティ、小倉丼など）など多士済々である。

そんななかで、個人的には結構いい線いっていると思うのがあんかけスパゲティだ。あんかけスパゲティは、その名の通り、スパゲティに中華料理のあんのようなどろりとした辛めのソースがかかっているものだ。麺は太めで、ウインナー、タマネギ、ピーマンなどの具材が載っているのが一般的だ。具材が野菜中心のものは「カントリー」、ソーセージ、ベーコン等の肉類中心のものは「ミラネーゼ」と呼び、肉と野菜の両方が盛られたものは、「ミラネーゼ」と「カントリー」を足して「ミラカン」と呼ぶ店が多い。

あんかけスパゲティは、名古屋の多くの喫茶店で味わうことができる。最初は注文するのにためらってしまうかもしれないが、一度食べたらやみつきになるのは間違いない。

第一〇章　ご飯ものもいろいろ

――横須賀、鳥取、札幌、北九州、金沢、
岡山、帯広、下呂、金武

カレーライス発祥の地、横須賀市の海軍カレー

カレーライス発祥の地として有名なのが横須賀市だ。一九九九年五月二〇日、海軍ゆかりの地として歩んで来た横須賀市で、日本で食されるカレーのルーツである「海軍カレー」を新たに「よこすか海軍カレー」と名付け、横須賀が「カレーの街」であることが宣言された。これは、横須賀市、横須賀商工会議所、海上自衛隊横須賀地方総監部の三者が中心となって結成された、カレーによるまちおこしを推進するための組織「カレーの街よこすか推進委員会」が仕掛けたものだ。

市のＨＰによれば、日本人が一般に食べているカレーライスは、「インドのカレー」ではなく、「イギリスのカレー」ということだ。イギリス人が、シチューと同じ食材（肉、ニンジン、じゃがいも、タマネギなど）に、日持ちのする香辛料（カレーパウダー）を使った料理「カレー」を考案し、これが、イギリス海軍の「軍隊食」として定着していった。

一方、明治期の日本海軍は、イギリス海軍を範としたので、調理が簡単なカレーを食事に取り入れたが、最初は、イギリス水兵と同様にカレーをパンに付けて食べていた。しか

し、この頃はまだパン食が普及していないこともあって、兵隊からの評判はあまりよくなかったようだ。その後、小麦粉を加え、とろみを付けてご飯にかけて食べるようになり、日本海軍の軍隊食として定着したのが、現在のカレーライスのルーツとも言えるものだ。今では毎週金曜日の昼食に、北海道から沖縄まで、海上自衛隊員が一斉にカレーライスを食べている。

なお、以下の条件をクリアすれば、「よこすか海軍カレー」の名称を使用することができるそうである。

材　料：カレー粉、小麦粉、肉（牛肉または鶏肉）、人参、玉葱、馬鈴薯を入れること。
調理法：カレー粉、小麦粉を炒ってルーを作ること。
提供法：原則として、カレーライス、牛乳、サラダの三点セットで提供。
　薬味にチャツネ（果実や野菜などに、酢、砂糖、香辛料を加えて煮たジャム状の調味料）を付けること。

カレーの街もいろいろ

カレーをまちおこしに使っているのは横須賀市だけではない。二〇〇四年度の家計調査においてカレールーの消費量、購入金額とも県庁所在都市で一番だったことを契機にして、鳥取で二〇〇五年に誕生したのが鳥取カレー倶楽部だ。これは、鳥取商工会議所青年部や有志が集まって設立したもので、カレールー全国一位の消費量を誇る鳥取市を全国的にPRし、鳥取市や鳥取県東部地区の観光経済活性化を目指している。

今では全国区の人気となったスープカレーは札幌が発祥の地だ。スープカレーの元祖といわれているのが札幌市の「薬膳カリィ本舗アジャンタ」だ。一九七一年当時は具なしのスープにライスを添えただけであったが、一九七五年に初めて具入りのスープカレーを提供した。スープカレーは一九九〇年代後半以降、ブームとなり、全国展開するチェーン店も登場した。

焼きカレーを売り出しているのが北九州市門司区だ。焼きカレーは昭和三〇年代の門司港の繁華街、栄町銀天街にあった喫茶店で誕生したといわれている。当時、余ったカレーをグラタン・ドリア風にオーブンで焼いたものを店のメニューとして出し、好評であったのが門司港周辺の店にも広がった。

その後、門司港の名物料理として親しまれ、焼きカレーによる観光振興と地域の活性化を目的とする門司港焼きカレー倶楽部が設立されたり、「焼きカレーＭＡＰ」が作成されるなど、焼きカレーの普及に努めている。

門司の焼きカレーは、バラエティ豊かだ。ご飯も白いご飯を使うところもあれば、バターライス、ドライカレーにするところなど店によって異なる。ルーはビーフ系もあればシーフード系もある。さらに濃さや辛さなども様々で、卵をかけるところもあれば、かかっているチーズの量や種類などにも店の個性が表れる。特に、あつあつに焼いたカレーに卵をからめると絶品だ。

金沢名物、ハントンライス

金沢の洋食店で人気のハントンライスは、オムライスのようなケチャップライスにふんわりと焼いた卵をかぶせ、オヒョウなどの白身魚のフライや海老フライをトッピングして

金沢のハントンライス（「グリルオーツカ」）

タルタルソースをかけるメニューだ。

「ハントン」の名前の由来は、ハンガリーのハンとフランス語でマグロを意味するｔｈｏｎ（トン）の組み合わせといわれている。もともとは東京の洋食屋にあったメニューにルーツがあるようである。

金沢市内ではコンビニエンスストアやスーパーの惣菜コーナーでも見かけることができる。最近では、ご当地グルメとして旅行雑誌で紹介されたり、インターネットなどの情報によって市外から食べに訪れる人も増えているようだ。老舗の「グリルオーツカ」のハントンライスは七〇〇円、私が食べたのは二〇〇七年の一〇月だった。普通のオムライスぐらいの分量だと思っていたが、ケチャップライスの多さにびっくりしてしまった。なんとか平らげたものの、新潟への帰りの電車では何も食べることができなかった。

岡山のえびめし

岡山のえびめしは、最近の黒ブームにも乗っかりそうなぐらい、黒々としたB級グルメだ。もともとは創業五〇年を超える渋谷の老舗カレー店「いんでぃら」の看板メニューの一つだった。ソースで炒めたご飯に小さな海老が混ざっていて、錦糸卵やグリーンピースが載っているというものだ。このメニューを「いんでぃら」で修業をしていた料理人が岡山に持ち帰って地元でブレークしたようだ。

見た目からすると濃厚でスパイシーな感じがするが、食べてみると意外と甘くさっぱりしている。えびめしで有名な岡山のチェーン店、「えびめしや」では、えびめしにコールスローサラダが添えられている。

こんなご当地ご飯ものも

ご当地ご飯ものといわれるものは、これまで紹介したもの以外にもある。

豚丼は、豚肉を焼いて砂糖醬油味の甘辛いたれで味付けしたものを具とした丼物で、帯広市を始め道東で広く食されている。元祖は帯広市の大衆食堂「ぱんちょう」で、一九三三年に生み出されたといわれている。白髪ネギ、グリーンピースなど、肉以外に載せる具は店によって様々で、肉の調理法も、網焼きのところもあればフライパンで炒めるところもある。

下呂市の下呂温泉は古くからある温泉だが、一時は客足が落ち込んだことなどもあり、当時の下呂町や観光協会、地元商工会が集い、地元の農産物を使った名物料理の開発が行われた。もともと下呂ではトマト栽培が盛んで、そこで考案されたのがトマト丼だった。試行錯誤を重ね、二〇〇一年頃から下呂名物として売り出した（「YOMIURI　ONLINE」より）。一見するとご飯とトマトの組み合わせはミスマッチのような感じもするが、飛騨《ひだ》牛と地元産マイタケ、そしてタマネギなどを煮込んでつくった具の上に、湯煎《ゆせん》してざく切りにしたトマトが載っている丼で、元祖は「菅田庵」だ。このほか、下呂にはトマトソースカツ丼を出す「梅楽亭」もある。

今や全国区にもなった感のあるタコライスは沖縄県金武町《きんちょう》が発祥の地だ。タコライスはタコスの具であるひき肉、チーズ、レタス、トマトをご飯の上に載せたもので、辛みを付けたサルサを載せて食べる。もともとタコスとは、ひき肉と野菜、スパイスなどを〝トルティーヤ〟というトウモロコシを原料としたシェル（皮）に挟んで食べる伝統的なメキシコ料理のことだ。この皮に挟む代わりにご飯に載せたのがタコライス、まさに和魂洋才の一品である。タコライスは、金武町キャンプハンセンのゲート前に広がる飲食店街にある「パーラー千里《せんり》」で一九八〇年代に生まれた。沖縄県では学校給食にも出されているタコライスだが、残念ながら（？）たこは入っていない。

第一一章　まだまだあるぞＢ級グルメ

――佐世保、函館、鹿児島、熊谷、龍ケ崎、高岡、芦別、舞鶴、呉、苫小牧

ハンバーガー戦争勃発？

ハンバーガーといえば多くの人が思い起こすのがマクドナルドのハンバーガーだろう。一九七一年七月、日本で最初のマクドナルドの店が銀座に進出してからすでに三七年も経過している。その前年にはドムドムハンバーガーやケンタッキー・フライド・チキンも進出するなど、一九七〇年代はアメリカ型のファストフード文化が日本に根付き出した時代とも言えるだろう。しかし、それより早くからハンバーガーが地域の食文化として根付いていたところがある。それが長崎県佐世保市だ。佐世保にハンバーガーがやって来たのは、一九五〇年頃のことといわれている。佐世保市は今でもアメリカ海軍の基地があるところとして有名だが、地元の人が軍人から直接レシピを聞いてつくったのが始まりで、外国人バー街を中心に、基地の周りには、たくさんのハンバーガーショップが並んでいた。その後もハンバーガーは佐世保流のアレンジのなかで佐世保の味として育って来たが、全国的な知名度を得るようになったのはごく最近のことだ。

二〇〇一年に佐世保市がプレ市制一〇〇周年事業のなかで佐世保のハンバーガーをＰＲ

の核とすることを決定し、地道な活動を続けた結果、徐々に知名度を上げていった。佐世保市では二〇〇三年にやなせたかし氏に依頼し、「佐世保バーガーボーイ」を作成した。また、二〇〇六年には女の子のキャラクター、「させぼのボコちゃん」も登場した。

ブームとともに「佐世保バーガー」を名乗り、全国各地に出店する業者が増えてきたため、佐世保市では本場の佐世保バーガーの品質を守るため「佐世保バーガー認定制度」を創設した。佐世保市や業界関係者などが、「コンセプト」「独自性・主体性」「信頼性」「地産地消」「将来性」の五つの観点から審査し、合格した店舗を「佐世保バーガー認定店」としている。認定店舗は、店の前に佐世保バーガーボーイのイラストが入った認定証（看板）を設置している。

ハンバーガーで有名なのは佐世保だけではない。函館には名だたる全国チェーンのハンバーガーショップを蹴散《けち》らすラッキーピエロという地元限定のチェーンがある。ラッキーピエロは、函館市、北斗市、森町にあわせて一三店舗を構えるチェーンで、ロックバンドのGLAYが無名時代に通いつめていたことでも有名だ。

ラッキーピエロの特徴の一つに、つくりおきはせず、できたてのアツアツを提供するためにオーダーから商品が出て来るまで時間がかかるということがある。メニューのなかには土方歳三《ひじかたとしぞう》ホタテバーガーというユニークなものもある。このほか、店舗ごとにテーマを決めた装飾を施していて、メニューが店によって異なっているのも特徴的だ。特定の店舗でしか扱っていないメニューもあり、また、カレーやオムライス、アイスクリームなどハンバーガー以外のメニューも豊富だ。

ちなみに、ラッキーピエロのホームページでは、一番人気がチャイニーズチキンバーガー、二番目がラッキーエッグバーガー、三番目がトンカツバーガーとなっていて（二〇〇八年六月）、中華の味付けが多いのも特徴の一つだ。

最近では、地元の特産品を使ったご当地バーガーが全国各地で増えている。富山県射水《いみず》市《し》の白エビバーガーや静岡県焼津市の黒はんぺんバーガー、北海道釧路市のエゾシカバーガーなど多士済々だ。

熱きかき氷の戦い

かき氷の世界にもご当地ものがあるようだ。鹿児島名物の白くまは氷菓で、かき氷の代名詞ともなっている。かき氷に練乳をかけて果物を盛り付け、餡《あん》を載せるのが一般的で、カップ入りで販売されているものだけでなく喫茶店のメニューにもなっている。氷はたっぷりの練乳と一体となるため、溶けていなくてもシャーベット状かそれに近い状態になっているのが特徴だ。

白くまの由来については諸説あって、鹿児島の総合食品メーカー、セイカ食品によれば、「かき氷の練乳かけにフルーツがいっぱい入った、鹿児島県民にとってはなつかしい味の『氷白熊』。氷白熊が出来たのは、昭和七、八年。鹿児島市の西田本通りにあった綿屋さんが、夏の副業としてかき氷屋を営んでおり、そこの新メニューとして登場したそうです。氷白熊の名前は、かき氷にかけた練乳の缶に白熊印のレッテルが貼ってあったのをそのままもらったのだそうです。この氷白熊は大変評判になり、やがて鹿児島市内中の店がこれを出すようになったということです」

とされているが、白くまの本家を自負する「天文館むじゃき」のHPでは、

「戦後間もない昭和二二年、久保武（前会長）によって考案されました。当時は、白蜜、赤蜜をかけたみぞれ、蜜かけの様なシンプルなかき氷でした。イチゴにミルクをかけてみ

るとおいしかった事にヒントを得て、氷に練乳をかけてみました。しかし、それでは甘すぎるので、改良を重ね、独特のさっぱりとしたミルクに仕上げました。また、それだけでは寂しいため、洋菓子の感覚で中にさいころ形の果物や、十六寸豆《とろくすんまめ》を入れ、外側に、アンゼリカ、チェリー、レーズンをトッピングし、現在の『白熊』のベースとなりました。それが、上から見た感じが白熊に似ていた所から『白熊』と呼ばれるようになりました」としている。最近では、カップ詰めされた白くまが、コンビニなどで全国展開されている。

白くまに対抗して出てきたと目されるのが埼玉県熊谷市の雪くまである。熊谷市は、夏の気温が高いことで有名であり、これを逆手に取り、地域おこしに利用しようと、市では「あついぞ！熊谷」事業を二〇〇六年から開始した。このなかで生まれたのが「雪くま」である。最初はあまり知名度が高くなかったが、二〇〇七年は市の広報・普及活動が活発に行われたことや、これまで山形市が長年一位だった日本最高気温を破って四〇・九度を記録したことなどでメディアでも取り上げられるようになった。また、行田市で開催された「埼玉B級ご当地グルメ王決定戦！　味の競演　ｉｎ　Ｇｙｏｄａ」に参加し、季節はずれにもかかわらず、一四食中四位と健闘した。

熊谷市では、
一　熊谷のおいしい水を使った氷を使っていること
二　氷の削り方に気を遣い、雪のようにふんわりした食感であること
三　オリジナルのシロップや食材を使っていること
の三つの条件を満たしたかき氷を雪くまと認めていて、二〇〇七年には熊谷市内外で一六店舗となっている。

ほくほくコロッケの街

今やコロッケは洋食というよりは、一般家庭の味となっている。フランス料理の付け合わせ、クロケットが元祖ともいわれているが、精肉店やスーパーで持ち帰り用として販売されている庶民的な惣菜でもある。一九六〇年代頃までは、子供のおやつとしても絶大の人気を誇っていたのがコロッケだ。そんな庶民の味コロッケを地域おこしの手段に使っているところがいくつかある。

茨城県龍ケ崎市では商工会の女性部が中心となって、中心市街地活性化の一環として手

づくりの「まいんコロッケ」を二〇〇一年に開発した。きっかけは二〇〇〇年にオープンした市街地活力センター「まいん」(まんがとインターネットの図書館)に集まって来る子供たちに昔懐かしい揚げたてのコロッケを食べさせようとしたことだった。新作コロッケの開発などを行うとともに、二〇〇二年には「コロッケクラブ龍ケ崎」を発会し、幟旗《のぼりばた》やコロッケマップを作成し配布している。また、毎月五、六の付く日をコロッケの日とし、加盟店独自のメニューで販売している。

富山県高岡市では、高岡コロッケを売り出している。コロッケによる地域おこしの出発点となったのは、高岡市の若手職員の有志が運営するHP「カラーたかおか」。二〇〇四年の家計調査によるコロッケの世帯当たり購入額が富山市が一番だったことに目をつけ、コロッケで高岡のイメージアップを図ろうと、HP上で全国発信を始めた。そして、ホテルニューオータニ高岡が新作コロッケをつくるなどして次第に盛り上がりを見せ、高岡市、高岡商工会議所、富山新聞社などが集まって高岡コロッケ実行委員会が発足した。加盟店も発足当初の二七店から四〇店に増えている。

ユニークなネーミング、芦別ガタタン（「宝来軒」）

芦別ガタタン

「ガタタン」と聞いてどんな食べ物を連想するだろうか。牛タンの一種か、新手のラーメンか、はたまた鍋ものか、全く想像もつかないというのが大方の見方だろう。

ガタタンとは、地元の人に愛されて来た芦別市の名物料理で、いろいろな具の入ったボリュームのある中華風スープのことだ。ルーツは戦後に旧満州から引き揚げてきた故・村井豊後之亮さんが芦別駅付近に開いた飲食店「幸楽」で中国の家庭料理をヒントにガタタンとしてメニューに出したものである。ガタタンの読み方は漢字の含多湯を日本語に読み替えたものと言われている。具材はフキ、タケノコ、シイタケ、イカ、肉、豆腐、ちくわ、卵、白玉だんごなど一〇種類以上入り、塩味がきいてあっさりとしたとろみのついたスープだ。現在では芦別市内の「きんたろう」「宝華飯店」「宝来軒」などで食べられる。スープだけでなく、ガタタンをかけたガタタンラーメンやガタタンチャーハンのメニューもある。テレビや雑誌などで紹介されたことからガタタンを目当てに訪れる観光客も増え、北海道のコンビニエンスストアなどでは季節限定メニューとして提供されたこともある。

肉じゃが戦争も

今や家庭料理の代表格の一つとなった肉じゃがも実際に定番料理として定着したのは、昭和四〇年代以降といわれている。肉じゃがは牛肉または豚肉、じゃがいも、タマネギ、糸コンニャクなどを醤油、砂糖、みりんで甘煮にしたもので、一般的に肉は西日本では牛肉、東日本では豚肉が好まれる。

栄養価が高く、栄養バランスもよく、またカレーと同じ素材を使うために補給の都合がよく、海軍の食事として全国的に導入された。一八七〇年代にイギリスに留学していた東郷平八郎が留学先で食べたビーフシチューの味を非常に気に入り、日本へ帰国後、艦上食としてつくらせようとしたが、ワインもドミグラスソースもなく、そもそも命じられた料理長はビーフシチューなど知らなかったため、東郷の話からイメージして醤油と砂糖を使ってつくったのが始まりといわれている。

肉じゃがについては、京都府舞鶴市が一九九五年一〇月に「肉じゃが発祥の地」を宣言したが、一九九八年三月に広島県呉市も「肉じゃが発祥の地？」（最初に宣言した舞鶴市に配慮して「？」を付けた）として名乗りを上げているが、どちらが元祖かは正確にはわかっていない。呉市のＨＰによれば、「呉の肉じゃがは、『旧海軍のレシピどおりに料理する』のが特徴。肉じゃがの生みの親である東郷平八郎元帥に敬意を表し、元祖の味を大切に守っている。一方、舞鶴市の肉じゃがは、『二一世紀に伝える肉じゃが』をテーマに、人参やグリンピースを加えた色鮮やかなもの」が多いようだ。

日本一の生かし方

全国各地に、生産高日本一を誇る産品がある。だが、単に量が多いだけではその経済効果は生産者に留まってしまう。いかに売れる商品をつくり出すかがどこの地域でも大きな課題である。

苫小牧市のゆるキャラ「ホッキー君」

　私の故郷、北海道苫小牧市は工業都市のイメージが一般的には強いが、知る人ぞ知る、ホッキ貝の水揚げ日本一を誇る町でもある。ホッキ貝はウバガイの通称で、加熱したものは白い地に三分の一程度赤みがかった部分があるが、生のものはこの赤色の部分が黒っぽい色をしている。ホッキ貝は旨み成分のアミノ酸だけでなく、タウリンなどの栄養成分を含み、健康食としても注目されていて、貝を削り節にしたホッキ節やホッキ節うどん、ホッキ節醤油などもある。

　最近では関東地方などにも寿司ネタとして流通するようになったが、苫小牧市では寿司のほか、バター焼き、炊き込みご飯、刺身、天ぷら、さらにはホッキカレーなども有名だ。

また、駅弁のほっきめしも肉厚でプリプリの食感が旅行者からも高く評価されている逸品だ。ホッキ貝は、苫小牧市の貝に指定されるとともに、「苫小牧産ほっき貝」として特許庁から地域団体商標登録が認められ、地域ブランドとして第一歩を踏み出した。この制度は、二〇〇五年六月に、商標法が改正されて創設されたもので、地域ブランドをしっかりと保護し、地域経済の活性化を図ることを目的としていて、地名入りのブランドが全国各地で登場するようになってきた。地域団体商標登録は、地域ブランドの品質を維持するというメリットがあり、消費者の信頼を得るためにも多くのB級グルメで活用が検討されるべきものだ。

ところで、イメージキャラクターの「ホッキー君」はなかなかのゆるキャラだ。彦根市の「ひこにゃん」ほどではないにしろ、これからのB級グルメのPRにはゆるキャラの活用も有効だろう。

第一二章　B級グルメを科学する？

活動の中心は誰だ？

これまで、全国各地のB級グルメを種類ごとに報告してきたが、ここからが本題（？）だ。B級グルメを比較して、その特徴を明らかにしていこうとするのが本書の狙いの一つだからだ。どうすれば全国区のB級グルメにすることができるのか、様々な取り組みから共通点などを見つけて、必死になって地域おこしを進めている人たちに何か一つでもいいから有益な情報を提供できないものかと考えてみた。

まずは、活動主体に注目する。当たり前のことではあるが、それぞれのお店が頑張らなければ食によるまちづくりなんて絵に描いた餅になってしまう。また、その多くは行政や関係団体の力を借りずにお店の努力によって地域ブランド力を獲得したものだ。しかし、最近では市民団体も含めて、様々な活動主体がB級グルメをまちづくりのキーワードに使っている。

個々の店による営業努力は別として、主な活動主体別にまとめてみたのが図1だ。ここでは、これまで取り上げてきたB級グルメの一部を抜き出してみた。実際には、様々な主

図1　B級グルメの主な活動主体

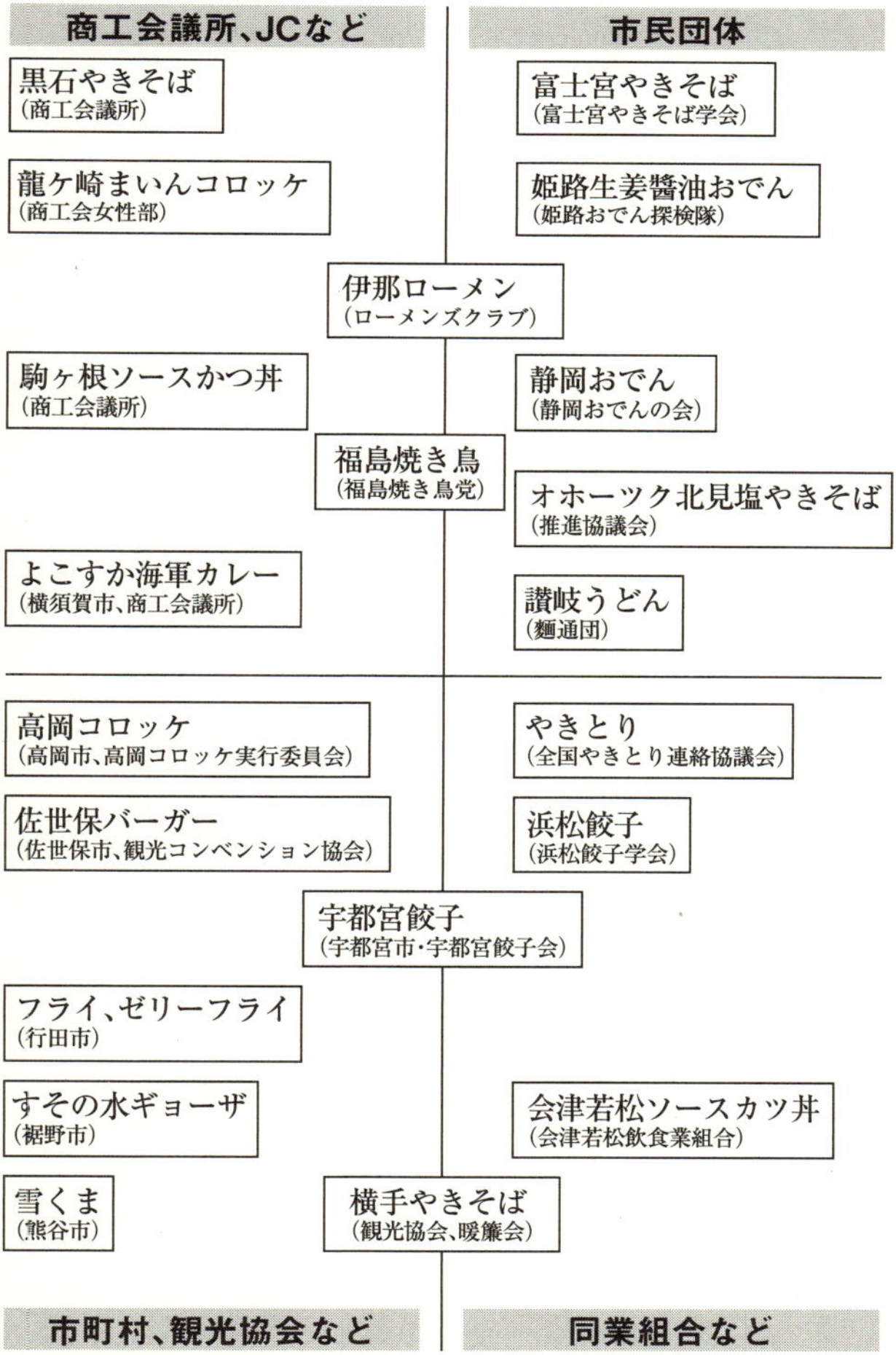
商工会議所、JCなど
市民団体
黒石やきそば（商工会議所）
龍ケ崎まいんコロッケ（商工会女性部）
富士宮やきそば（富士宮やきそば学会）
姫路生姜醤油おでん（姫路おでん探検隊）
伊那ローメン（ローメンズクラブ）
駒ヶ根ソースかつ丼（商工会議所）
静岡おでん（静岡おでんの会）
福島焼き鳥（福島焼き鳥党）
オホーツク北見塩やきそば（推進協議会）
よこすか海軍カレー（横須賀市、商工会議所）
讃岐うどん（麺通団）
高岡コロッケ（高岡市、高岡コロッケ実行委員会）
やきとり（全国やきとり連絡協議会）
佐世保バーガー（佐世保市、観光コンベンション協会）
浜松餃子（浜松餃子学会）
宇都宮餃子（宇都宮市・宇都宮餃子会）
フライ、ゼリーフライ（行田市）
すその水ギョーザ（裾野市）
会津若松ソースカツ丼（会津若松飲食業組合）
雪くま（熊谷市）
横手やきそば（観光協会、暖簾会）
市町村、観光協会など
同業組合など

体が一緒になって活動を盛り上げているので、単純に分けることは難しいが、中心となっている活動主体で分けてみた。

いちばん多く見られるのが市町村や観光協会など行政機関や関連団体が中心となって、B級グルメの普及、宣伝を進めているケースだ。佐世保バーガーや熊谷市の雪くま、すその水ギョーザなどが代表的だ。

また、商工会議所や商工会、JC（青年会議所）など地域の経済団体が中心となっているケースも結構ある。地域経済の衰退が全国各地で大きな問題となっており、経済界が自ら立ち上がって、地域産業の振興や観光PRなどを目的として、B級グルメを積極的に応援するケースも増えている。

最近増えているのが市民団体による活動だ。その典型が富士宮やきそばを強力にPRする富士宮やきそば学会だ。焼きそば店とは直接関係ない有志の市民が中心になって、地元の活性化のために知恵を出し合い、富士宮やきそばを、今では全国区の人気にまで押し上げたのである。このような市民団体によるB級グルメのPRは、特に若い人が中心になっている場合が多い。

そして、もう一つが同業組合など、それぞれの業界団体が中心となっているものである。実際には行政中心、市民団体中心であっても業界団体が動かなければなんともならないのが現実ではあるが、ここでは業界団体が中心となって行政や経済界にも応援を呼び掛けているケースとして全国やきとり連絡協議会や会津若松ソースカツ丼などを代表例として挙げておく。

このようにB級グルメの主な活動主体として四つのカテゴリーに分けて分類を試みたが、実際の活動はもっと入り組んでいる。例えば宇都宮餃子のように、行政が最初に仕掛けて、民間団体がその後活動の中心になるケースや、富士宮やきそばや讃岐うどんのように、市民団体が仕掛けてその後、行政がサポートを始めるケースなど様々だ。

ルーツを辿れば

B級グルメのルーツについては諸説あってはっきりしないものも結構あるが、いつ頃誕生したかについて大きく六つのグループに分類してみた。それが表2だ。

これを見ると、明治、大正から昭和初期にかけては、各地でカツ丼文化が花開き、また、コナモンも庶民の味として根付いていった時代だということがわかる。そしてなんといってもB級グルメの多くは戦後の昭和二〇年代から三〇年代に誕生したものであることが、この年表からも明らかだ。B級グルメは戦後復興期の日本人の食生活を支えてきたものでもあるのだ。

高度経済成長期が終焉《しゅうえん》を迎え、二度にわたる石油ショック、そして安定成長期からバブル経済の到来を経験した一九七〇年代から一九八〇年代にかけてはほとんどB級グルメが誕生しなかった。物質的な豊かさを手に入れ、西欧型のライフスタイルが定着しつつあったこの時期には、B級グルメを開発しようという意欲は失せてしまったのかもしれない。

さらに、バブル経済が破たんした一九九〇年代にもこれといったB級グルメが見られないことが特筆される。この時期、例えば宇都宮餃子は、市の職員によって研究成果が発表されることで、徐々に注目を浴びるようになっていくが、それ以外ではこれといった動きも見られない。まさに失われた一〇年はB級グルメにとっても冬の時代であったのだ。

そして新たな世紀を迎え、富士宮やきそばを始めとして地域のB級グルメを見直す動きが全国各地で見られるようになり、二一世紀型（?）のB級グルメが各地で誕生したのが

表2　B級グルメの誕生

時代	B級グルメ
明治から大正時代（〜1925年）	福井ソースカツ丼、美唄やきとり、静岡おでん、行田フライ・ゼリーフライ、よこすか海軍カレー
昭和初期（〜1945年）	岡山ドミカツ丼、瑞浪あんかけカツ丼、室蘭やきとり、姫路おでん、駒ヶ根ソースかつ丼、帯広豚丼、鹿児島白くま（戦後説も）、たこ焼き
戦後から1960年代まで	富士宮やきそば、ほか焼きそばの大半、宇都宮餃子、浜松餃子、訓子府カツ丼、長崎トルコライス、根室エスカロップ、加古川かつめし、今治やきとり、丸亀骨付き鳥、青森おでん、小倉焼うどん、盛岡冷麺、呉冷麺、山形冷やしラーメン、富山ブラックラーメン、須崎鍋焼きラーメン、伊那ローメン、名古屋あんかけスパゲティ、門司焼きカレー、金沢ハントンライス、岡山えびめし、佐世保バーガー、芦別ガタタン
1970年代から1980年代まで	広島冷麺、札幌スープカレー
1990年代	
21世紀	オホーツク北見塩やきそば、すその水ギョーザ、鳥取カレー、下呂トマト丼、熊谷雪くま、龍ケ崎まいんコロッケ、高岡コロッケ

ここ数年のことである。まさにB級グルメのルネッサンス（復興）時代の到来だ。

ルーツはどこだ？

食のルーツについてどこだとはっきり言うことは必ずしも簡単ではない。表3はわかる範囲で大雑把に分類したものだが、これを見るとB級グルメの多くはいわゆる舶来であるということに気付かされる。明治維新後のいわゆる文明開化の時代に日本人は洋食に憧れ、特に肉食が取り入れられるようになった。そして日本人の味覚にあわせるように、とんカツやコロッケ、カレーといった日本型の洋食が誕生した。これらの一部は各地で独特のスタイルのB級グルメとして根付いていくのだった。

また、洋食をルーツに持つB級グルメの多くは、東京などで修業したシェフが地元に帰って開発されたものだ。

もう一つの大きな流れは戦後、中国や朝鮮半島からの引揚者などを通じて多くの中華料理、朝鮮料理が伝わり、各地のB級グルメへと進化を遂げていったものだ。その中心が餃子や焼きそばである。

表3　B級グルメのルーツ

ルーツの国	B級グルメの種類
日本	おでん、やきとり、おもなコナモン
中国	うどん、焼きそば、餃子、ラーメン
その他アジア	冷麺、カレー
ヨーロッパ	よこすか海軍カレー（イギリス経由）、コロッケ（フランス？）、とんカツ
アメリカ・メキシコ	佐世保バーガー、タコライス

洋食であれ、中華料理であれ、インド料理であれ、それぞれの特徴は生かしつつも、日本人の舌にあった形で改良を加えていった結果、我々の食卓は世界に例を見ないぐらい多国籍化しているのではないだろうか。海外のよいものを導入し、そして自分好みにアレンジする、これこそ日本人のいちばんの得意分野であり、まさにグローカル（グローバル〈国際化〉とローカル〈地方〉の合成語）を地でいくのがＢ級グルメなのだ。カツ丼にしてもカレーライスにしてもタコライスにしても、パンや皮の代わりにご飯を使っているところは和魂洋才を地でいくものだ。

一方、日本発祥の食べ物であるおでんややきとり、たこ焼きなどがアジア諸国でも食べられるようになっている。特にたこ焼きなどは冷凍食品としてタイなどで大量に生産されている。食のグローカル化は双方向で進んでいるのだ。

地産地消のこだわりは？

地産地消とは、地域生産地域消費の略語で、地域で生産された農産物や水産物をその地域で消費することを指す。一九八〇年代から使われていた言葉だが、最近ではマスメディアでも頻繁に使われるようになってきた。

B級グルメは必ずしも地元で生産された農水産物を使うことが求められているわけではないが、その地域に長く根付いているものの多くは何らかの地元産品へのこだわりがある。例えば静岡おでんには鯖やイワシでつくられた黒はんぺんが欠かせないし、富士宮やきそばでも地元産品が多く使われている。やきとりも地鶏や地元産豚などを使うケースが多い。

もちろん、麺類を始めとするコナモンの多くは小麦を原料としているため、輸入に頼っているのが現実であるが、「さぬきの夢2000」のように、地元でつくった小麦でうどんが食べたいという声に応えるために品種改良が行われたケースもある。

B級グルメが生き残るためには、まずは地元の人々に支持されることが大前提となる。そのためにも地元産品へのこだわりは多くのB級グルメに見られる。これが最近登場したものならなおさらだ。例えば熊谷では地元の水を使ったかき氷だけを雪くまと呼んでいる。北見市のオホーツク北見塩やきそば推進協議会では、道内産の小麦を主原料とした麵だけでなく、北見タマネギ、オホーツク産のホタテ、箸も道産割箸を使うことをオホーツク北見塩やきそばの定義としている。こだわりこそ、B級グルメの生命線だ。

値段は？　主食か、おかずか？

そもそもB級グルメにははっきりとした定義はない。強いて言えばふぐや和牛、キャビアやフォアグラといった高級食材を使ったものではなく、庶民が手頃な値段で食べることができるものといったところだろうか。

個人的には野口英世博士一枚分（一〇〇〇円）でそれなりにお腹が膨れて、それでいて少しお釣りが返ってくるという庶民にとって心強い味方がB級グルメだと考えている。つまり一線（一千〈円〉）を越えてしまうともはやB級グルメとはいえないのではないだろうか。その意味では仙台の牛タンなどは私の大好物の一つではあるが、残念ながらB級グルメに入れることにはためらいがある。また、B級グルメを眺めてみると、ご飯ものや麵類

図2　B級グルメの値段等

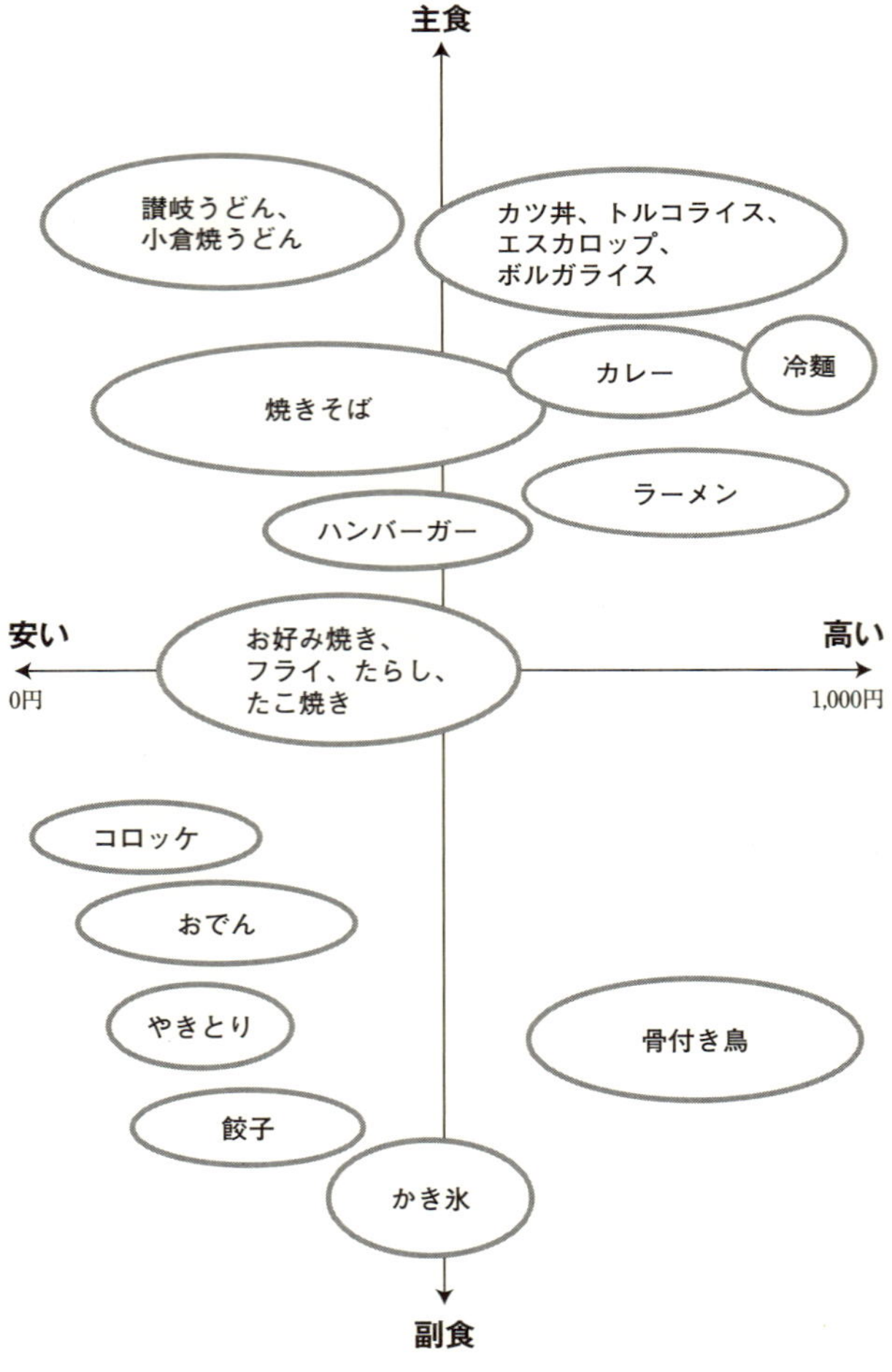
主食
讃岐うどん、
小倉焼うどん
カツ丼、トルコライス、
エスカロップ、
ボルガライス
カレー
冷麺
焼きそば
ラーメン
ハンバーガー
安い
お好み焼き、
フライ、たらし、
たこ焼き
高い
0円
1,000円
コロッケ
おでん
やきとり
骨付き鳥
餃子
かき氷
副食

といった主食になるものと、餃子ややきとりのようにどちらかというとおかずやおつまみになるものとに分けられる。

そこで、値段という物差しと主食か否かという物差しをクロスさせてみたのが図2だ。それぞれの値段は店によっても違うし、またメニューによっても注文した量によっても違う。あるいは正確に把握するのはこれもまた不可能に近いが、これまで私自身が食べ歩いてきた「相場観」でまとめたものだ。例えばやきとりやおでんについては一本当たりの値段で比べている。

これによれば、副食に分類しているものの多くは五〇〇円以下で、主食のなかでもうどんや焼きそばも同様に五〇〇円前後になっている。一方ご飯ものは概ね五〇〇円以上で、麺類でも冷麺が高くなっている。だが、どのカテゴリーも概ね一〇〇〇円以下とまさに庶民の味方、B級グルメであることを裏付けている。

地方の元気を再び

全国各地でB級グルメの取り組みが増えている。東京を始めとする大都市の独り勝ち状態は様々な歪《ゆが》みを生んでいる。地方に元気を取り戻すためにもなんらかの手立てを講じないと手遅れになってしまいかねない。

なぜ、地方がこんなにも元気を失ってしまったのだろうか。すべての原因を経済のグローバル化という一言で済ますのは適切ではないだろうが、物流が発達し、国内はもとより、海外からも安い品物が大量に手に入るようになれば、これまで自己完結的につながっていた地域経済はあっという間に分断されてしまう。郊外の大型ショッピングセンターはもちろんのこと、今ではインターネットの発達で、居ながらにして様々なものが手に入る時代だ。近所に本屋や雑貨店、服飾店がなくてもあまり不便さは感じない時代になってしまったのだ。

企業誘致や従来型の観光振興ではなく、藁《わら》にもすがる思いでB級グルメに期待する地域も少なくない。だが、期待したほどの経済効果が上がっていないのが多くの地域の現実だ。

そんななかでも、富士宮やきそばなど、それなりの成果を上げているところも少しずつ出てきている。全国各地のB級グルメの取り組みから学ぶべき点、あるいは改良を加えるべき点について考えてみたい。

では、どうすべきか

B級グルメで注目を集めている地域を見てみるといくつかの共通点がある。まず第一に、キーパーソンの存在である。まちづくりには、三つのタイプの人間の存在が不可欠であるとよくいわれる。それは、いわゆる「若者、よそ者、バカ者」である。

若者とは、文字通り若い人のことであるが、前例にとらわれず柔軟な発想でまちづくりにチャレンジする人のことを指す。年齢的な面だけでなく、精神的な若さを持っている人も含まれる。よそ者は、その地域外の人のことを指す。地域のソトで生活した経験から、他地域との比較ができて、冷静にその地域のプラス面、マイナス面を分析することができる人だ。Uターンして地域に戻って来た人もソトの視線を持っていることからよそ者に加えることも可能だろう。そしてバカ者は、その名の通り、まさに個人的な利害を度外視して、まちづくりに邁進《まいしん》する人のことを指す。このような存在がB級グルメにとっても欠かすことができないのだ。この典型ともいえるのが富士宮やきそばの渡辺英彦氏であるが、富士宮やきそばに限らず、学会、同好会、探検隊、ファンクラブ、協会など名称は様々あれども、B級グルメを愛する人々がグループをつくってまちづくりに奮闘しているのだ。

地元の人が愛さなくて誰がB級グルメを愛するというのだろうか。まずは地元の人々に愛される食べ物であることが出発点だ。

また、ネーミングや遊び心といった柔軟性も大切だ。奇をてらいすぎると失敗しかねないが、マスコミをいかに使うかが重要なポイントとなる。直接的な広告宣伝費にはあまりお金をかけることはできないであろうし、あまり硬い名前では世間の注目を浴びる可能性は低い。また、活動を継続的に行うためにはちょっとした遊び心というか、ハンドルの遊びのようなゆとりを持って取り組むことがお勧めである。

その際、先にも述べた地域団体商標登録の制度をうまく活用し、地域ブランドとしてB級グルメを売り込むのも一手である。

世界各国のB級グルメ

B級グルメはなにも日本の専売特許ではない。海外にも同様なものはたくさんある。そして、B級グルメが観光資源の一つとなっているのもまた、紛れもない事実だ。

例えば、イギリスのフィッシュ・アンド・チップスは、まさにイギリスを代表する庶民的なB級グルメの一つだ。タラやカレイ、オヒョウなどの白身魚の切り身に、小麦粉を卵や水などで溶いた衣を付けて油で揚げたものに、じゃがいもを細い棒状に切って油で揚げたフライドポテトが添えられる。北海の魚が安価に手に入るようになると、フィッシュ・アンド・チップスは労働者階級の日常食となり、今では手軽なファストフードとして、イギリス人はもちろんのこと、海外からの観光客にも人気の一品だ。味付けも塩だけのものから、酢（ビネガー）、ブラウンソースなど好みによっていろいろだ。

ドイツといえば、ドイツビールにソーセージが有名だ。各地に味わい豊かな地ビールや焼きソーセージの店が数多くあるが、そんななかでもベルリンが発祥の地とされるカレーソーセージ（カレーヴルスト：Currywurst）はドイツのB級グルメともいえる存在だ。ヴルストとはドイツ語でソーセージの意味で、焼いたソーセージにケチャップソースとカレーパウダーなどをたっぷりかけたとてもシンプルな料理だ。高級レストランのメニューというよりは、街中の軽食スタンドや駅の売店などで売られていることが多く、注文するとたいていはパンが一つ付いてくる。これもフィッシュ・アンド・チップス同様値段の安さが魅力だ。

このほか、アメリカ南西部やメキシコなどでよく見かけるタコスや、韓国、タイなどアジア諸国でなじみの屋台で食べられる料理もB級グルメの典型で、ガイドブックなどにも紹介されているほどだ。

世界に羽ばたけ、B級グルメ

日本の人口が減り続けるなか、いわゆる定住人口を増やそうとする試みにはどうしても限界がある。最近では定住人口に代えて交流人口を増やそうとする地方自治体が増えている。交流人口とはその地域を訪れ、また、地域の人々と交流する人のことを指し、典型的な交流として買い物や観光、レジャー、通勤通学などがある。

B級グルメの振興もまさに、交流人口増加のための手段の一つであるが、国内人口が減

ワルシャワの「完全装備」の回転寿司

少するなかで、海外からの旅行客を増やそうという動きが全国各地で活発化している。

もともと、海外から日本を訪れる観光客の数は欧米諸国などと比べると少ないと指摘されている。その一方で、日本の食べ物は海外でも高く評価されている。寿司、天ぷら、刺身などは多くの外国人に愛され、また、海外にも日本食を提供するレストランは増加しているともいわれている。特に、寿司はヘルシーなメニューとして大人気で、回転寿司はそのユニークさも受けて、ロンドンやニューヨークはもとより、世界各国に進出している。なかには写真のような完全装備の回転寿司さえあるのだ。

残念ながら、海外の日本食レストランのなかには、これはいったいどこの国の料理だと疑いたくなってしまうものも少なからずある。私が食べたなかではロンドンの高級日本食レストランで出された極甘の天ぷらがワーストワンだ。どうもホットケーキミックスの衣で魚や野菜を包んだようだったが、とても天ぷらといえる代物ではなかった。

日本食に限らず、その国の人々の味覚にあわせるように本場の味を変えてしまうというのはよくあることではあるが、少なくとも日本のB級グルメに関しては、ここまでひどい改悪はないと言ってもいいだろう。

二〇〇七年一一月に発売された『ミシュランガイド東京』には最高級のレストランを示す三つ星がパリに次ぐ八店、二つ星が二五店、一つ星が世界で一番多い一一七店掲載されている。ミシュランによれば、本に掲載された店にすべて星が付いたのは世界初で、まさに東京は世界一の美食の町と絶賛している。

東京のレストランの水準が高いということは、東京以外の食べ物も高い評価を得る可能性があるということだろう。それも、いわゆるA級グルメはもちろんだが、B級グルメにとってもチャンスがあるとはいえないだろうか。

もともと、サブカルチャーとしてB級扱いだったアニメやゲームなども、今では世界に冠たる地位を確保している。これと同じようにB級グルメであっても、外国人観光客の注目を惹くことは、やり方次第では可能ではないだろうか。

B級グルメが外国人観光客の支持を得るためにはいくつかの課題がある。まずは情報が不足しているということだ。例えば、ミシュランのB級グルメ版のような本やHPをつくって、一〇ドル以下でお腹いっぱいになれるB級グルメ情報を提供してはどうだろうか。本家のミシュランガイドを見て日本の和食レストランを訪れるのは一部の金持ちだけだろうが、アニメやゲームなどに憧れて日本を旅する若いバックパッカーは、むしろB級グルメのほうに興味津々のはずである。

実際、東京の山谷や大阪の西成にある、以前は労働者が使うのがほとんどだった宿泊施設に多くの外国人旅行客が泊まるご時世である。お好み焼き、たこ焼きといったコナモンからカツ丼、そして中華のルーツを持つ餃子や焼きそば、さらには日本らしさを醸し出すおでんややきとりなどのB級グルメは外国人も虜《とりこ》にするだろう。

特に、中華料理は世界各国で食されていて、日本風にアレンジされた中華は一度は食べてみようと思うのではないだろうか。

インターネットでの情報発信は不可欠である。富士宮やきそば学会のように英語版のHPをつくっているところもあるが、ごく一部だ。また、やきそば学会の英語版HPにしても、写真などのビジュアルな情報は限られている。各地のB級グルメに関するHPもこれからは最低でも英語版を、そして可能であればフランス語、中国語、韓国語などいくつかの言語で紹介することが必要になって来るだろう。

すでに日本に住む外国人は二〇〇万人を突破した。そのような日本在住の外国人の手を借りることも一案だろう。特に地方の小さな自治体では、なかなか適材が見つからないかもしれないが、例えばJETプログラムという外国人の外国語指導助手や国際交流員を海外から招聘《しょうへい》する事業に参加している約五〇〇〇人の外国人の助けを借りるというのも一つの手である。JETプログラムはどちらかというと大都市よりも地方に多く展開されているので、このような青年たちにHPの作成を手伝ってもらうのである。彼らのほとんどは日本に滞在するのが初めてで、旅行者としての視点を持ち合わせている。また、たいていは二、三年すると母国に帰るので、口コミでB級グルメの話題が伝わるという効果も期待できる。

さらに、一般的には外国人の客の対応に慣れていない店の従業員に対して、対応マニュアルなどを提供すればお店の側にとっても安心だ。

要は情報をいかにタイミングよく適切に提供するかがポイントとなるのだ。ミシュランの旅行ガイドに高尾山が三つ星とされると多くの外国人観光客が訪れるようになったのがまさにそのことを物語っているのだ。この点は外国人向けだけでなく、日本人向けについても同様のことがいえるだろう。

このほか、外国を旅すると特にアジア諸国では屋台がエネルギッシュだ。日本では食品衛生法や道路交通法の問題もあり、常設の屋台はほとんどない。道路を避け駐車場などの民間所有の土地に食堂として許可をとるなど苦肉の策で営業しているところも少なくないが、一定の要件を満たせば規制を緩和するなど、いわゆる屋台特区などを認めてもいいのではないだろうか。交通の往来にあまり悪影響がなく、衛生管理もある程度できるのであれば、多くの人は納得するだろう。もともとB級グルメのなかには、おでんや焼きそばなどのように屋台をルーツにしているものも少なくない。ぜひとも屋台に関しては規制緩和を進めてはどうだろうか。

B級グルメが地方を救う！

ないものねだりをしても何も始まらない。うちの地方にはこれといった名所も名物もないと泣き言を言うのはもうやめようではないか。名所旧跡がなくても、なにげない日常風景にも異国情緒を感じる人は少なからずいるものだ。それにちょっとした食べ物があれば、ことさらである。

人口の減少、世界に類を見ない高齢化、ＧＤＰを遥かにしのぐ国および地方の借金、ゆらぐ医療保険や年金制度に対する不信感、いわゆる体感治安の悪化と、日本を取り巻く環境はかつてないほど厳しいものになっていると指摘されている。

だが、悲観的になっても何も解決しないのだ。問題点は問題点として捉えつつ、よい面も少なからずあるということを忘れてはならない。

地方が衰退していった一因に個性の消失があると私は思う。どこにでもある〝銀座商店街〟、似たり寄ったりの駅前広場、学校の建物も全国画一で、これでは地域に愛着を持てと言っても土台無理な話である。

これは、食についても同様だ。どこでも同じものが食べられるというのは一見すると便利で好ましいことに思えるが、どこにいても一緒ということは様々な条件面で有利な大都市の独り勝ちの状況を容認するだけである。

今後ますます地域間競争は激しさを増すだろう。そんななかで地域に住む人々に愛されるB級グルメを持っているところは、そうでないところを一歩リードしていることになるだろう。B級グルメを地域の誇りとして、地域のことを真剣に考える人々が立ち上がらなくては地方の再生などほど遠いのである。

頑張れB級グルメ！

第一四章　B級グルメ検定！

本書では、全国各地の様々なB級グルメを取り上げ、そのルーツや特徴などを解説するとともに、どのようにすればまちおこしのネタとして活用できるかについて、成功例などから学ぶべき点をいくつか挙げてきた。

最後に、B級グルメ検定と題して、クイズで全国各地のB級グルメをおさらいしてみよう。

第一問　B級ご当地グルメの祭典、B―1グランプリの第一回目が開催されたのは？

①富士宮市　②八戸市　③久留米市　④鳥取市

第二問　第一回、第二回のB―1グランプリの人気投票で一位になったのは？

①富士宮やきそば　②八戸せんべい汁　③横手やきそば　④久留米やきとり

第三問　三大焼きそばと称されるのは、富士宮やきそば、横手やきそばとどれ？

①日田焼きそば　②オホーツク北見塩やきそば　③石巻焼きそば　④太田焼そば

第四問　横手やきそばに欠かせないトッピングは？

①肉かす　②福神漬け　③だし粉　④紅生姜

第五問　じゃがいも入り焼きそばが有名なのは？

①那須塩原市　②黒石市　③栃木市　④北見市

第六問　茶色のセイロ蒸しの中華麺が使われているのは？

①石巻焼きそば　②富士宮やきそば　③横手やきそば　④日田焼きそば

第七問　新潟が発祥のユニークな焼きそばは？

①アメリカン　②イタリアン　③ジャーマン　④カナディアン

第八問　オホーツク北見塩やきそばに欠かせない材料でないものは？

①ホタテ　②タマネギ　③塩　④キャベツ

第九問　二〇〇七年の家計調査で餃子の消費量が一番だったのは？

①浜松市　②裾野市　③宇都宮市　④静岡市

第一〇問　宇都宮餃子の店が数多く出店しているのは？

①餃子パーク　②餃子博物館　③来らっせ　④餃子館

第一一問　浜松餃子の付け合わせに出て来るのは？

①もやし　②茹でキャベツ　③福神漬け　④らっきょう

第一二問　裾野の餃子に入っているものは？

①もやし　②モロヘイヤ　③ニンジン　④ホウレンソウ

第一三問　日本三大洋食でないものは？

①コロッケ　②カレーライス　③とんカツ　④ハンバーグ

第一四問　福井のソースカツ丼の発祥の店は？

①精養軒　②西洋軒　③ヨーロッパ軒　④フランス軒

第一五問　駒ヶ根ソースかつ丼に入っている野菜は？

①もやし　②レタス　③キャベツ　④ニンジン

第一六問　ドミカツ丼の発祥の地は？

①岡山市　②会津若松市　③高崎市　④桐生市

第一七問　あんかけカツ丼の発祥の地は？

①新潟市　②瑞浪市　③北見市　④岡山市

第一八問　次の中でタケノコをよく使うのはどれ？

①トルコライス　②エスカロップ　③かつめし　④ボルガライス

第一九問　長崎市が発祥の地のメニューは？

①オランダライス　②エスカロップ　③ポルトガルライス　④トルコライス

第二〇問　オムライスにカツが載ってドミグラスソースがかかっているのは？

①ボルガライス　②エスカロップ　③かつめし　④ハントンライス

第二一問　第一回やきとリンピックが開催されたのは？

①新潟市　②山形市　③福島市　④仙台市

第二二問　様々な鶏の内臓肉を一本の串に刺したやきとりが有名なのは？

①室蘭市　②旭川市　③夕張市　④美唄市

第二三問　豚肩ロース肉とタマネギを串に刺したやきとりが有名なのは？

①美唄市　②八戸市　③室蘭市　④苫小牧市

第二四問　味噌だれを付けるやきとりが有名なのは？

①福島市　②白河市　③行田市　④東松山市

第二五問　ガーリックパウダーをかけるやきとりが有名なのは？

①長門市　②東松山市　③福島市　④山口市

第二六問　今治のやきとりをつくるのに欠かせないのが？

①土鍋　②鉄板　③フライパン　④中華鍋

第二七問　久留米の馬を使ったやきとりでセンポコとは？

①大動脈　②小腸　③睾丸　④舌

第二八問　静岡おでんの特徴でないのは？

①生姜醬油を使う　②黒はんぺん入り　③青海苔を使う　④串に刺してある

第二九問　青森おでんに欠かせないのは？

①生姜醬油　②塩　③生姜味噌　④八丁味噌

第三〇問　姫路市でおでんを愛する人たちがつくったのは？

①姫路おでん学会　②姫路おでん探検隊　③姫路おでん協会　④姫路おでんの会

第三一問　たこ焼きの前身は？

①ホルモン焼き　②ラヂオ焼き　③いか焼き　④ネギ焼き

第三二問　かしみん焼きで有名なのは？

①堺市　②門真市　③岸和田市　④大阪市

第三三問　行田の名物、フライを好んだ女工さんたちが働いていたのは？

①下駄工場　②足袋工場　③製糸場　④製紙工場

第三四問　ゼリーフライに入っていないのは？

①おから　②じゃがいも　③野菜　④ゼリー

第三五問　たらしが有名なのは？

①大洗町　②東海村　③水戸市　④日立市

第三六問　讃岐うどんブームの火付け役となったのは？

①麺通団　②麺図倶楽部　③麺太鼓　④麺恋団

第三七問　小倉焼うどんに目玉焼きを載せたものは？

①たまうどん　②太陽うどん　③天まど　④天卵

第三八問　盛岡冷麺の麺の主な材料は？

①カレー粉　②そば粉　③米粉　④小麦粉

第三九問　盛岡三大麺でないものは？

①盛岡冷麺　②盛岡ラーメン　③じゃじゃ麺　④わんこそば

第四〇問　本書で勝手に決めたラーメン界の四天王でないものは？
①富山ブラックラーメン　②新潟ラーメン
③徳島ラーメン　④須崎の鍋焼きラーメン

第四一問　伊那ローメンに通常入っている肉は？
①鶏肉　②豚肉　③牛肉　④羊肉

第四二問　カレーでまちおこしをしていないところは？
①名古屋市　②横須賀市　③鳥取市　④北九州市

第四三問　ハントンライス発祥の地は？
①富山市　②金沢市　③岡山市　④広島市

第四四問　次の組み合わせで間違っているのは？
①えびめし・岡山市　②豚丼・帯広市　③トマト丼・岐阜市　④タコライス・金武町

第四五問　佐世保バーガーの女の子のキャラクター名は？
①させぼバーガーガール　②させぼのバーちゃん
③させぼのボコちゃん　④させぼのバーギャル

第四六問　熊谷市が売り出したかき氷の名前は？

①雪くま　②白くま　③くまくま　④くま氷

第四七問　龍ケ崎市で売り出しているコロッケの名前は？

①ドラゴンコロッケ　②まいんコロッケ　③まいどコロッケ　④たつのこコロッケ

第四八問　ガタタンが名物の街は？

①夕張市　②芦別市　③滝川市　④歌志内市

第四九問　誕生したのが一番最近のＢ級グルメは？

①静岡おでん　②富士宮やきそば　③ハントンライス　④すその水ギョーザ

第五〇問　タコライスのルーツは？

①中国　②アメリカ　③メキシコ　④イタリア

正解（一問二点）

第一問　②　第二問　①　第三問　④　第四問　②　第五問　③
第六問　①　第七問　②　第八問　④　第九問　③　第一〇問　③
第一一問　①　第一二問　②　第一三問　④　第一四問　③　第一五問　③
第一六問　①　第一七問　②　第一八問　②　第一九問　④　第二〇問　①
第二一問　③　第二二問　④　第二三問　③　第二四問　④　第二五問　①
第二六問　②　第二七問　①　第二八問　①　第二九問　③　第三〇問　②
第三一問　②　第三二問　③　第三三問　②　第三四問　④　第三五問　①
第三六問　①　第三七問　③　第三八問　④　第三九問　②　第四〇問　②
第四一問　④　第四二問　①　第四三問　②　第四四問　③　第四五問　③
第四六問　①　第四七問　②　第四八問　②　第四九問　④　第五〇問　③

八〇点〜一〇〇点：B級グルメ一級

六〇点〜七八点：B級グルメ二級
四〇点〜五八点：B級グルメ三級
二〇点〜三八点：B級グルメ四級
〇点〜一八点：不合格、出直しです。本書を第一章から読み直してください。

附録　都道府県別B級グルメ

本書でその内容を紹介したB級グルメを都道府県ごとにまとめてみた（市町村名は五十音順で、主要なところだけを記載）。仕事や旅行で各地を訪れたのなら、ぜひとも寄り道あれ！

北海道

芦別市：ガタタン（いろいろな具の入ったボリュームのある中華風スープ）
帯広市：豚丼（豚肉を焼いて砂糖醤油の甘辛いたれで味付けした具の丼）
北見市：オホーツク北見塩やきそば（オホーツクの食材を使った塩焼きそば）
釧路市：ザンギ（鶏肉のから揚げの一種で、特製のソースを付けて食べるもの）
訓子府町：訓子府カツ丼（醤油ベースのたれに海苔を敷いた和風カツ丼）
札幌市：スープカレー（具入りのスープカレー）

苫小牧市：ホッキ貝（日本一の水揚げ量を誇り、寿司ネタからカレーまでいろいろ）
根室市：エスカロップ（炒めたライスにとんカツを載せ、ドミグラスソースをかけたもの。白エスカはみじん切りのタケノコが入ったバターライスを使う）
函館市：ハンバーガー（個性的なローカルハンバーガー）
美唄市：やきとり（鶏の内臓肉を一本の串に刺したもの）、鳥めし（鶏肉を炊き込んだ醬油味のご飯）
富良野市：＊富良野オムカレー（富良野産の食材を使ったオムライス風のカレー）
室蘭市：やきとり（豚肩ロースとタマネギを串に刺してたれで焼いたもの）

青森県

青森市：青森生姜味噌おでん（生姜をすりおろして入れた味噌だれを付けたおでん）
黒石市：黒石やきそば（太平麵、辛口ソースの焼きそば。つゆに浸したつゆやきそばもある）
八戸市：＊八戸せんべい汁（肉や魚、たっぷりの野菜などでとっただし汁に、小麦粉と塩でつくる鍋用の南部せんべい〈おつゆせんべい〉を割り入れて煮込む鍋料理）

岩手県

盛岡市：盛岡冷麺（コシの強い麺と牛骨だし中心の濃厚スープの冷麺）、じゃじゃ麺（温かい平麺のうどんにキュウリ、ネギのみじん切りと肉味噌が載ったもの）

宮城県

石巻市：石巻焼きそば（茶色のセイロ蒸し中華麺に目玉焼きを載せて、自分でソースをかける焼きそば）

秋田県

横手市：横手やきそば（甘口のソースに太めで柔らかな麺、目玉焼きと福神漬けを添える焼きそば）

山形県

山形市：冷やしラーメン（コシのある太麺と風味豊かな冷たいスープに、キュウリのトッピングが涼感を醸すラーメン）、どんどん焼き（もんじゃ焼きの進化形。割り箸にぐるぐる巻いたコナモン）

福島県

会津若松市：ソースカツ丼（ご飯の上に千切りのキャベツ、その上にソースに浸したとんカツを載せたもの）

福島市：焼き鳥（鶏肉中心のオーソドックスな焼き鳥）

茨城県

大洗町：たらし（ゆるく溶いた小麦粉に具材を混ぜ、焼きながら食べるもんじゃ焼きの親戚）

龍ケ崎市：まいんコロッケ（昔懐かしい揚げたてコロッケ）

栃木県

足利市、栃木市：じゃがいも入り焼きそば（じゃがいもが入った素朴な焼きそば）
宇都宮市：宇都宮餃子（日本一の消費量を誇る餃子）
那須塩原市：スープ入り焼きそば（ラーメンの麺と具をソースで焼き上げ、醤油ベースのスープに入れたもの）

群馬県
太田市：太田焼そば（店によって様々な味付けや麺、トッピングがある）
桐生市、高崎市：ソースカツ丼（さらっとしたソース仕立てのカツ丼）

埼玉県
行田市：フライ（水で溶いた小麦粉に具材を入れ、鉄板で薄く焼き上げたものでソース味が一般的）、ゼリーフライ（おからにじゃがいもや野菜を混ぜて油で揚げ、ソースにくぐらせたもの）
熊谷市：雪くま（雪のようにふんわりした食感の熊谷オリジナルのかき氷）

東松山市：やきとり（豚肉に辛みのきいた味噌だれを付けるやきとり）

神奈川県

厚木市：＊厚木シロコロ・ホルモン（柔らかい豚の大腸のみを、割かずに管状のまま使用したホルモンで、網焼きにするとコロコロになることから名付けられたもの）

横須賀市：よこすか海軍カレー（カレーライス発祥の地、とろみのある甘めのカレー）

新潟県

長岡市：イタリアン（トマトソースがソース焼きそばにかかっているもの。箸で食べるタイプ）

新潟市：イタリアン（新潟市発祥のトマトソースをかけた焼きそば。こちらはフォークで食べる）、醤油カツ丼（薄いカツを醤油ベースのたれに浸したカツ丼）、若鶏の半身揚げ（カレー粉で味付けした骨付き鳥のから揚げ）

富山県

高岡市：高岡コロッケ（購入数の多さを売りにしたコロッケ）
富山市：富山ブラックラーメン（濃口《こいくち》醤油の黒いスープに塩辛いメンマやネギ、チャーシューが載ったラーメン）

石川県

金沢市：ハントンライス（ケチャップライスに焼いた卵をかぶせ、フライを載せてタルタルソースをかけるもの）

福井県

越前市：ボルガライス（オムライスにカツを載せてドミグラスソースをかけたもの）
小浜市：＊若狭小浜焼き鯖寿司（丸焼きした鯖の身をほぐし、酢飯と混ぜ合わせたバラ寿司）
福井市：ソースカツ丼（薄いロース肉をカラッと揚げてウスターソースベースのたれにつけたカツ丼）

長野県

伊那市：伊那ローメン（蒸した太めの中華麺に、マトンなどの肉と野菜を炒めて加えたもの）

駒ヶ根市：駒ヶ根ソースかつ丼（ご飯の上に千切りのキャベツ、その上にソースをからめたとんカツを載せたもの）

岐阜県

各務原市：＊各務原キムチ鍋（市特産のニンジンと姉妹都市韓国春川《チュンチョン》市特産の松の実入りのキムチ鍋）

郡上市：＊奥美濃カレー（地元の食材を使い郡上の地味噌を隠し味にしたカレー）

下呂市：トマト丼（飛騨牛とマイタケなどを煮込んだ具にトマトを載せた丼）

瑞浪市：あんかけカツ丼（カツの上に卵などでつくった甘いあんをかけた丼）

静岡県

静岡市：静岡おでん（汁が茶色がかっていて黒はんぺんが入り、青海苔、鰹節、味噌だれをお好

みで使うおでん）
裾野市：すその水ギョーザ（モロヘイヤ入りの水餃子）
浜松市：浜松餃子（宇都宮に対抗した浜松餃子は野菜が多めで、付け合わせにもやしが付いていることが多い）
袋井市：＊たまごふわふわ（卵とだし汁でつくったふわふわ感が絶妙な卵料理）
富士宮市：富士宮やきそば（コシのある麺に肉かす、イワシの削り粉などを加えた焼きそば）

愛知県

名古屋市：あんかけスパゲティ（太いスパゲティに中華料理のあんのような粘りのある辛みのきいたソースをかけたもの）

京都府

舞鶴市：肉じゃが（海軍直伝、呉市と発祥の地争い）

大阪府

岸和田市：かしみん焼き（かしわ〈鶏肉〉とミンチ〈牛脂〉が入ったお好み焼き）

兵庫県

加古川市：かつめし（皿に盛ったご飯の上にビフカツ〈またはとんカツ〉を載せ、ドミグラスソースベースのたれをかけ、茹でたキャベツを添えたもの）

高砂市：にくてん（甘辛煮のじゃがいもを入れて二つ折りにしたお好み焼き）

姫路市：姫路おでん（生姜醤油をかけて食べるおでん）

鳥取県

鳥取市：カレー（カレールーの消費量全国一を契機にカレーの街をPR）、＊とうふちくわ（もめんとうふと白身魚のすり身をまぜ、芯〈かつては竹〉に巻き付けて蒸したちくわ）

岡山県

岡山市：えびめし（ソースで炒めたご飯に小海老を混ぜ、錦糸卵やグリーンピースが載っているもの）、ドミカツ丼（ドミグラスソースがかかったカツ丼）

広島県

呉市：呉冷麺（太い平麺と甘みとピリッとした辛さの酸味を抑えたスープの冷麺）、肉じゃが（海軍直伝、舞鶴市と発祥の地争い）

広島市：広島冷麺（つけだれが辛めで冷たく、茹でキャベツなど具が多いつけ麺）

山口県

長門市：やきとり（ガーリックパウダーをかけて食べるやきとり）

徳島県

小松島市、徳島市：徳島ラーメン（茶色の豚骨醤油スープに豚バラ肉、生卵などを入れるラーメン）

香川県

全域：讃岐うどん（コシが強いうどんで食べ方の種類が多い）

丸亀市：骨付き鳥（鶏の骨付きもも肉を高温で焼き上げたもの）

愛媛県

今治市：やきとり（鉄板で焼くやきとりで皮が有名）

高知県

須崎市：鍋焼きラーメン（土鍋に入れた和風ラーメンにタクワンの付け合わせ）

福岡県

北九州市：小倉焼うどん（干しうどんを湯がいて焼いたもの）、門司焼きカレー（カレーライスをオーブンで焼いたもの）

久留米市：やきとり（牛、豚、鶏、馬の肉や臓物を刺したやきとり）

長崎県

佐世保市：佐世保バーガー（手づくりでこだわりのあるバーガー）

長崎市：トルコライス（ドミグラスソースのかかったとんカツ、ピラフ、スパゲティ、サラダが一つの皿に載ったもの）

大分県

日田市：日田焼きそば（太めの生麵を茹でてから鉄板で焦げ目が付くまで焼き、もやしやネギとあわせてソースで味付けした焼きそば）

鹿児島県

鹿児島市：白くま（かき氷の上に練乳をかけて果物を盛り付け、餡《あん》を載せたもの）

沖縄県

金武町：タコライス（タコスの具をご飯に載せたもの）

注：＊印の付いたものは第二回Ｂ―1グランプリに出展された料理のうち、本文で言及しなかったものである。

おわりに

一連の中国産食品で起きた問題は、改めて食の安全が脅かされていることを認識させられるできごとだった。それとともに、輸入食品や冷凍食品の売り上げは落ち込み、国内産の原料に切り替える食品メーカーが相次いだ。また、国内産の食品をカロリー換算で半分以上使う場合に掲げられる緑提灯の店が七月末で一二〇〇を突破するなど、今、国内農業に追い風が吹いている。また、私が住む新潟でもロシアや中国などへ新潟産の食品の販路を拡大するといった積極的な食の海外展開が本格化しつつある。

食料自給率（カロリーベース）が四割を切るという厳しい現実はあるものの、日本の食にはまだまだ様々な可能性が残されているはずである。特に、B級グルメの多くは、地域の素材を数多く使い、また、地域の歴史や文化とともに育って来たものである。まずは地域の人がB級グルメを食し、そして地域の食を誇りとして情報発信していけば、多少なりとも地方に元気が出て来るのではないだろうか。

本書では、Ｂ級グルメに関する情報発信の少なさを問題視したが、批判するだけでは何も変わらない。そこで、私自身も最近英語で日本各地のＢ級グルメを紹介するホームページを立ち上げた（http://www.cooljapan-foodjapan.com）。実際、ＨＰ作成の参考とするため、全国各地の自治体や観光協会のサイトを数多く眺めたが、その貧弱さに驚かされてしまった。海外から観光客を数多く誘致しようとしている割には、英語のＨＰすらないところや、あっても情報量が少なくてとても観光客が関心を示すとは思えないようなもの、データが古すぎて使い物にならないものなどが数多くある。インターネット全盛の世の中である。ネットであれば、東京を経由しなくても世界各国に情報を発信できるのに、みすみす好機を逃しているとしか思えないのである。

私のＨＰには本書で取り上げたＢ級グルメのうち現在のところ九割程度を掲載している。正直言って、外国人が見てどれくらい理解してくれるか心もとない点はあるが、それを補うためにＢ級グルメの写真を数多く載せている。また、日本地図からＢ級グルメのコーナーにもリンクできるようになっている。海外にいる知人や国内で在住外国人と接する機会の多い自治体職員などにＨＰのＢ級グルメコーナーを宣伝しているが、全国各地のＢ級グルメのサイトもぜひ英語や中国語などのバージョンを作成していただきたいと思っている。

本書では、極力全国各地のB級グルメを紹介しようと試みたが、横浜市とその周辺のサンマーメン、熊本市のタイピーエン、神奈川県小田原市の小田原おでん、北九州市戸畑区の戸畑ちゃんぽん、神奈川県湯河原町の担々焼きそばなど、残念ながら触れることのできなかったものもまだまだある。そして、今日この瞬間にも、どこかの地域で新たなB級グルメが誕生しているのかもしれない。機会があれば、これらのニューフェイスについても紹介したいと思う。

本書は、『データの罠　世論はこうしてつくられる』『自治体格差が国を滅ぼす』に続く、私にとって三冊目の新書となる。三年続けて新書出版の機会を与えてくれた集英社新書編集部の椛島良介さんと大浦慶子さんに、記して感謝する次第である。

参考資料

新井由己『だもんで静岡おでん』（静岡新聞社、二〇〇二年）
新井由己『日本全国おでん物語』（生活情報センター、二〇〇五年）
岡田哲『とんかつの誕生』（講談社、二〇〇〇年）
かがわクイズ問題研究会編『クイズ現代かがわの基礎知識』（美巧社、一九九二年）
熊谷真菜『「粉もん」庶民の食文化』（朝日新書、二〇〇七年）
小泉武夫『これがC級グルメのありったけ』（ビジネス社、二〇〇六年）
小西正人『盛岡冷麵物語』（繫新書、二〇〇七年）
静岡新聞社『餃子伝説』（静岡新聞社、一九九八年）
下野新聞社『週末うつのみや餃子をたべにいく』（下野新聞社、二〇〇六年）
関満博・遠山浩編『「食」の地域ブランド戦略』（新評論、二〇〇七年）
田尾和俊『超麵通団3　麵通団のさぬきうどんのめぐり方』（西日本出版社、二〇〇六年）
田村秀『政策形成の基礎知識』（第一法規、二〇〇四年）
田村秀『データの罠　世論はこうしてつくられる』（集英社新書、二〇〇六年）
田村秀『自治体格差が国を滅ぼす』（集英社新書、二〇〇七年）
伝統会津ソースカツ丼の会パンフレット
名取紀之編『全国縦断キモウマ!!ご当地フード』（ネコ・パブリッシング、二〇〇五年）

野瀬泰申『全日本「食の方言」地図』（日本経済新聞社、二〇〇三年）
プレジデント社『ダンチュウ』二〇〇七年一〇月号
マジックランプ編『日本全国ローカルフード紀行』（六耀社、二〇〇四年）
渡辺英彦『ヤ・キ・ソ・バ・イ・ブ・ル　面白くて役に立つまちづくりの聖書』（静岡新聞社、二〇〇七年）
愛BリーグHP
青森おでんの会HP
一鶴HP
宇都宮餃子会HP
えびめしやHP
大洗町HP
帯広観光コンベンション協会HP
オホーツク北見塩やきそばHP
カラーたかおかHP
行田市HP
熊谷市HP
久留米やきとり学会HP
呉市HP
黒石商工会議所HP

こばや食堂ＨＰ
駒ヶ根ソースかつ丼会ＨＰ
佐世保観光コンベンション協会ＨＰ
静岡おでんの会ＨＰ
実食系トルコライス専門ブログ　トルコライス　マニアックス
上州太田焼そばのれん会ＨＰ
須崎市ＨＰ
裾野市ＨＰ
セイカ食品ＨＰ
全国やきとり連絡協議会ＨＰ
想夫恋ＨＰ
第一回兵庫県ご当地グルメサミットＨＰ
高岡コロッケ実行委員会ＨＰ
珍来軒ＨＰ
栃木のクチコミタウン情報サイト栃ナビ！ＨＰ
鳥取カレー倶楽部ＨＰ
苫小牧市ＨＰ
にくてん喰わん会ＨＰ
日本銀行高松支店ＨＰ

日本コナモン協会ＨＰ
浜松餃子学会ＨＰ
浜松餃子　むつぎくＨＰ
Ｂ級ご当地グルメの祭典！第二回Ｂ―１グランプリ（富士宮）ＨＰ
姫路おでん探検隊ＨＰ
富士宮やきそば学会ＨＰ
舞鶴市ＨＰ
門司港レトロ倶楽部ＨＰ
盛岡じゃじゃ麺ファンクラブＨＰ
盛岡冷麺普及協議会ＨＰ
薬膳カリィ本舗アジャンタＨＰ
山形県ＨＰ
ヨーロッパ軒ＨＰ
横須賀市ＨＰ
横手やきそば暖簾会ＨＰ
ラッキーピエロＨＰ
龍ケ崎市商工会ＨＰ
ローメンズクラブＨＰ

田村 秀（たむら しげる）

一九六二年生まれ。東京大学工学部卒業。新潟大学法学部教授。国際基督教大学博士（学術）。著書に『データの罠 世論はこうしてつくられる』『自治体格差が国を滅ぼす』（以上集英社新書）、『市長の履歴書』『道州制・連邦制』（以上ぎょうせい）、『自治体変革の現実と政策』（共著、中央法規出版）、『政策形成の基礎知識』『自治体ナンバー2の役割』（以上第一法規）など。

集英社新書〇四六二B

B級《きゅう》グルメが地方《ちほう》を救《すく》う

二〇〇八年九月二二日 第一刷発行
二〇〇九年七月三一日 第二刷発行

著者……田村《たむら》 秀《しげる》
発行者……大谷和之
発行所……株式会社集英社
東京都千代田区一ツ橋二-五-一〇 郵便番号一〇一-八〇五〇
電話 〇三-三二三〇-六三九一（編集部）
〇三-三二三〇-六三九三（販売部）
〇三-三二三〇-六〇八〇（読者係）

装幀……原 研哉
印刷所……凸版印刷株式会社
製本所……ナショナル製本協同組合

定価はカバーに表示してあります。

ISBN 978-4-08-720462-9 C0236

Printed in Japan

a pilot of wisdom

イタリア貴族養成講座
彌勒忠史　0449-D
食事、ダンス、音楽など社交のノウハウ、セレブのたしなみとは。ルネサンスの貴族たちの驚くべき生活！

狂気の核武装大国アメリカ
ヘレン・カルディコット　0450-A
冷戦後も核武装に狂奔する最大の軍事国家アメリカ。圧倒的な調査力をベースに危険な核大国の実態を暴く。

夫婦の格式
橋田壽賀子　0451-C
「おしん」「渡る世間は鬼ばかり」の作者による、時代に媚びない男女論。夫婦再生の秘訣が今、明かされる。

コーカサス　国際関係の十字路
廣瀬陽子　0452-A
石油など天然資源の存在や、地域紛争で注目を集める「東洋と西洋の分岐点」を国際問題に着目して概観。

フィンランド　豊かさのメソッド
堀内都喜子　0453-B
教育力や福祉力で注目を集める「不思議で豊かな国」の素顔とは。現地で学んだ貴重な体験をもとに描く。

新釈　四谷怪談
小林恭二　0454-F
世紀の祟り神、お岩さまの本当の怖さとは？　親殺し・子殺しの時代に、その存在の今日的意味を探る。

学校崩壊と理不尽クレーム
嶋﨑政男　0455-E
学校に理不尽なクレームを突きつけ教育現場を混乱させる親。その実態を明らかにし解決策を具体的に提言。

神と仏の風景「こころの道」
廣川勝美　0456-C
西国一五〇社寺を巡る巡拝の道が誕生！　当初からかかわった著者が「癒しと祈りの旅」への呼びかけを綴る。

陸海軍戦史に学ぶ負ける組織と日本人
藤井非三四　0457-D
日本の組織の根源的問題とは何か。戦前の陸海軍の作戦行動を組織論の観点から分析することで明らかに。

神と仏の道を歩く〈ヴィジュアル版〉
神仏霊場会　編　010-V
西国の名だたる古社名刹が参加する「神仏霊場会」、その社寺を巡拝するための唯一の公式ガイドブック。